PHILOSOPHIE DE LA GUERRE

OU

LES FRANÇAIS

EN CATALOGNE,

SOUS LE RÈGNE DE L'EMPEREUR NAPOLÉON;

PAR

L. G. Malvoisine.

ANGERS,

COSNIER ET LACHÈSE, ÉDITEURS,
RUE CHAUSSÉE-SAINT-PIERRE, 15.

PARIS,

CHEZ D'URTUBIE ET WORMS, IMPRIMEURS-LIBRAIRES,
RUE S.-PIERRE-MONTMARTRE, ET PRÈS LE BOULEVARD DES ITALIENS.

1839.

PHILOSOPHIE DE LA GUERRE

ou

LES FRANÇAIS EN CATALOGNE.

ANGERS. — IMPRIMERIE DE COSNIER ET LACHÈSE.

PHILOSOPHIE DE LA GUERRE

OU

LES FRANÇAIS EN CATALOGNE,

SOUS LE RÈGNE

DE L'EMPEREUR NAPOLÉON.

Par F. G. Malvoisine.

ANGERS.

CHEZ COSNIER ET LACHÈSE, ÉDITEURS.

—

PARIS.

CHEZ D'URTUBIE ET WORMS, IMPRIMEURS-LIBRAIRES,

RUE SAINT-PIERRE-MONTMARTRE, ET PRÈS LE BOULEVARD DES ITALIENS.

—

1839.

A Monsieur Odilon Barrot.

Je vous offre, Monsieur, un ouvrage sur la guerre de Catalogne. Je vous en fais hommage comme à l'un des orateurs qui savent le mieux comprendre et formuler ce que veut le pays; ce qu'il faut à la fin qu'il obtienne.

Le pays veut la liberté sans trouble, sans arrière-pensée, sans remise ; il veut l'égalité des droits politiques et civils sans retour possible à d'odieux privilèges; il veut la probité dans les affaires de finances et la répression vive et prompte de tous les abus criminels : abus de cour, abus de pouvoir, corruption infâme et mépris de toutes les lois sacrées de la pudeur publique et de la morale.

Le pays croit à un Dieu suprême, à l'âme immortelle. Il veut des cultes protégés, mais non dominants, envahisseurs, ennemis. Il veut un clergé patriote et qui ne prenne pas ses inspirations au-delà du Rhin, au-delà des Alpes, en dehors du siècle et des lois. Il veut que l'église, comme les tribunaux, comme les chambres, concoure au repos de l'Etat, non à son trouble; à sa prospérité, non à sa ruine.

La France a besoin du développement de son industrie, mais il ne faut pas qu'elle tombe dans l'abîme sans fond des intérêts grossiers et matériels; il ne faut pas qu'un brutal instinct l'emporte sur l'intelligence, et qu'une nation, la première de l'univers, renonçant aux nobles avantages que lui ont assurés les travaux de l'esprit, retourne à pas de géant vers la barbarie et ses bassesses, par l'oubli et le dédain de ce qui a fait sa splendeur, sa renommée et sa gloire.

La presse est la parole écrite; la voix qui vibre au cœur des masses; le flambeau qui porte la lumière et la vie jusqu'aux extrémités de l'empire. Il n'est pas permis que rien la gêne dans son influence salutaire. La licence ne sera réprimée que par un collége d'hommes choisis dans le sein de la société offensée.

Voilà les maximes que j'ai partout recueillies; voilà les vœux qui de toutes parts se font entendre. Il y a cinquante ans, aujourd'hui même, que ces vœux généraux étaient écrits dans les *mandats* et *cahiers* des provinces; ils furent proclamés hautement à la tribune nationale; et comment se fait-il, Monsieur, que tant de déclarations solennelles, scellées de tant de sang et de tant de larmes, aient été depuis, par toutes les factions, tous les partis, méconnues, rétractées, anéanties?

Le moment est venu d'avouer ces fautes, d'expier ces torts, d'abjurer ces erreurs. Le moment est venu de rentrer dans les voies de la raison et de la nature; le moment est venu d'achever l'œuvre de nos pères.

Vous, Monsieur, et ceux qui siègent à vos côtés, croyez-en une longue expérience, une longue étude; croyez-en bien plutôt encore les acclamations qui vous accompagnent; vous et vos amis, vous représentez les désirs consciencieux et intimes de l'immense majorité des Français. C'est donc à vous qu'il faut que tout se rallie; c'est à vos opinions si pures, si modérées, et à la fois si constantes et si fermes, qu'il faut que s'unissent toutes les éloquences, toutes les forces qu'on a trop vues s'épuiser jusqu'ici en vains débats, en essais déplorables.

La France fait trève à ces épreuves qui n'ont jamais été que funestes, et pour traduire son vote en termes positifs: La France ne veut à aucun prix, ni république ni despotisme.

Le despotisme de Napoléon l'a fait mourir à Sainte-Hélène, après avoir amené les Cosaques à Paris.

Les rigueurs de la Convention couvrirent la France d'échafauds, et ses victoires furent trop chèrement acquises.

Certes, je ne l'ignore point, il y a d'autres républiques que celle de la *terreur ;* mais les sacrifices que celles-là même demandent, la proscription du luxe qui est leur essence , le froissement des intérêts privés et tant de conditions qu'elles imposent, rien de tout cela ne convient à nos temps, à nos mœurs, à nos ateliers, à nos familles.

Qui plus que vous, Monsieur, serait en position d'invoquer et de soutenir le système républicain, et d'en appeler l'établissement? Vous n'avez (souffrez que je le dise) pas moins de vertu que de génie, et vos goûts, vos discours, vos actes, sont ceux d'un Aristide et d'un Scipion. Mais vous-même, vous ne savez que trop qu'une telle sévérité de principes ne pourrait être exigée de tous nos habitants des campagnes et des villes, dans toutes les professions, dans toutes les classes, et, bien instruit d'une situation pareille, vous avez aidé de tout votre zèle à la fondation, en 1830, de ce gouvernement mixte, qui satisfait pleinement à tout ce qu'il y a d'utile et de praticable dans l'état des idées, des fortunes; au milieu de tant de peuples rivaux, de tant de trônes puissants, de cabinets soupçonneux, dont il faut ménager les craintes, les préjugés et jusqu'aux prétentions peut-être ; jusqu'aux alliances mobiles et douteuses.

L'Europe, pour être heureuse, doit marcher d'un pas mesuré dans la nouvelle civilisation, dans le progrès. Le mouvement a été imprimé à l'occident ; il se propagera à l'orient, mais pourvu qu'il soit dirigé avec prudence. Malheur à ceux qui, par impatience et légèreté, viendraiênt à rompre l'équilibre. Il y a un levier mystérieux qui va de lui-même ; insensé qui oserait soulever le voile sous lequel se tendent et fonctionnent ces ressorts. Comme il faut réfléchir avant d'écrire, il faut aussi méditer avant d'agir. L'action même ne doit être ni brusque, ni rude, car elle irait bien vite jusqu'à la tyrannie. Il y a dans cette confédération européenne, il y a des contrées qui ont des rois, des rois absolus et sans contrôle ; elles ne peuvent tout à coup passer à l'état de gouvernement tempéré ; nul ne peut du moins les y contraindre, et c'est ici que la guerre, la guerre d'attaque, d'irruption, de conquête, mériterait toute la réprobation et toute la haine.

C'est cette guerre d'invasion et de caprice que j'ai montrée dans ses égarements et ses fureurs. Mais autant j'accuse nos armes quand elles se font les auxiliaires de l'ambitieuse iniquité, autant j'ai recours à leur vigueur quand il arrive que c'est nous qu'on insulte, quand c'est notre indépendance qui est menacée, quand c'est la dignité française qui est témérairement atteinte par l'étranger ou lâchement compromise par nos ministres.

Ces sentiments sont ceux que vous avez exposés à la chambre, dans les comités électoraux, dans vos circulaires et vos voyages. Je les partage avec tout ce qui, en France, se pique d'élévation dans le caractère et de sagesse ; je m'associe à tous vos desseins, et si je fais une prière ardente, c'est que vous paraissiez incessamment dans les conseils de la couronne, pour hâter l'exécution de ces projets et assurer tout ensemble l'éclat du diadème et le bonheur de la patrie.

Agréez mon dévouement et mon respect,

F. G. MALVOISINE.

A Angers, le 26 février 1839.

PHILOSOPHIE DE LA GUERRE.

CHAPITRE I.

L'Élysée et les bruits de Cour. — Les Français en Catalogne. — Origine de l'Invasion.—Dessein de cet écrit. — Préliminaires.

J'aime la France, j'aime sa gloire, mais je veux cette gloire sans tache; je la repousse quand elle est fausse et criminelle, et je ne pense point que le patriotisme fasse une loi de pallier ce qui est intolérable, de taire ce qui est odieux.

Je vais donc raconter nettement et sans réserve ce que j'ai vu, ce que j'ai appris et ce qui m'est venu de bonne source sur des événements très-remarquables, encore peu loin de nous, et qui sont de nature à exciter longtemps l'intérêt et l'attention.

J'étais à l'Élysée, il était nuit, on prenait le thé chez Longchamps, secrétaire des commandements de la grande duchesse de Berg. Longchamps était né à l'Ile-de-France, voisine de l'île Bourbon, où Parny et Bertin virent le jour. Il était bon et aimable comme eux, poète comme eux, capitaine de cavalerie comme eux aussi, et brave, mais ayant, à vrai dire, fort peu de goût pour le sang et la guerre; peu de penchant pour l'oisiveté des camps, la débauche des garnisons, l'ignorance brutale des casernes. Il avait fait la guerre aux Indes, au nom de la liberté. Mais les ans s'étaient écoulés, les illusions de 89 étaient perdues, et depuis que Longchamps était à Paris, il y vivait dans une insouciance qui ne cédait qu'à l'amour du théâtre, et à un autre amour dont l'objet tendre demeurait pour nous inconnu. Quand Longchamps travaillait, c'était pour le vaudeville, l'opéra comique et la comédie française. Il cueillit plus de palmes qu'il n'en fallait pour entrer à l'académie, surtout d'après ce qu'on voit de nos jours. Mais il n'était d'aucune coterie, il ne faisait point de visites et il ne devait point arriver au fauteuil. Il n'en avait pas moins un talent réel et une facilité incroyable. Il faisait en quinze jours une pièce en cinq actes, et il nous la lisait en achevant de l'écrire, jaloux, à l'en croire, d'avoir notre avis, mais empressé plutôt de jouir de son triomphe, car nous étions toujours devant lui dans l'étonnement et dans l'admiration.

Il y avait là M. de Cambis, écuyer de la duchesse, Mme Michel, sa lectrice et sa confidente, et Mlle Paravicini, sous-gouvernante de ses enfants : M. de Cambis, qui mettait de la poudre, homme de politesse et de bon ton, ami des arts et de la joie douce, mêlé à bien des choses graves et folles, mais n'aimant point à faire de bruit et ne figurant dans aucune biographie, parce qu'il n'y a point comme tant d'autres, envoyé son article tout fait; Mme Michel, petite femme rondelette et agréable, sœur cadette de Mme de Mirbel, faisant de jolis vers et de la musique, obligeante, aumônière, et ayant un mari, mais qu'on ne voyait point et qui était receveur-général dans un département; Mlle Paravicini, de la famille Biron, point jolie, mais de l'esprit, du trait. Elle était éprise d'un beau jeune homme qui venait à ces soirées, et quand il entrait elle s'écriait : « Ses yeux sont » pour moi les cieux ouverts! »

D'autres personnes, des officiers, des artistes, se formaient par groupes à ces petits cercles où toutes sortes de sujets étaient mis sur le tapis. Le jour auquel je reporte mes souvenirs, on parlait de la guerre d'Espagne : « Pour s'emparer de ce royaume, six cents grenadiers » suffiront. » Tel fut le sentiment de ces dames, et tous nos raisonnements, à Longchamps et à moi, ne parvinrent pas à les en faire changer. Ce qu'elles disaient on le disait ailleurs. Elles répétaient un propos de cour. C'était le bruit des petits cabinets. Le refrain volait de bouche en bouche. Il courait dans la ville, influait sur la bourse et faisait hausser les effets publics. Car il y avait chez nous une présomption dont le sort depuis a dû nous corriger!

L'Espagne, qu'on traitait si lestement, résista aux Romains pendant un siècle. Nos généraux crurent la prendre en six mois. L'invasion fut un guet-apens. On traqua les princes comme des bêtes fauves. On entra dans les forteresses par surprise et par trahison. Moncey, Darmagnac, Duhesme, rivalisaient de perfidie. On ne reconnaissait plus le caractère français. En pleine paix on se jouait des traités. C'était une espèce de phénomène ; on poussait l'ardeur jusqu'à la rage. Il y avait un vertigo dans toutes les têtes et un démon fiévreux dans tous les cœurs. Napoléon, ailleurs si grand, se fit bien petit dans cette triste affaire. Il sembla que son génie baissait et que déjà pâlissait son étoile. Ce n'était plus un lion, mais un renard ; il se liguait avec un Godoï ; il se piquait de le surpasser en fourberie. En vérité on ne le peut croire, il procédait par des menées sourdes, indignes de son rang et du nôtre, et dans ce dédale d'intrigues il ne fut que

trop bien secondé par le comte Beauharnais, son ministre, par Laforêt et Savary, ses âmes damnées.

Il trouvait là une occasion de chasser les derniers Bour-
bons de leur trône, et ce n'était pas qu'ils fussent bien
regrettables. Charles IV et sa race ne se montraient pas
sous un jour bien flatteur ; mais dans ce coup qui vint
les frapper à l'improviste, ils firent compassion et pitié.
La conduite que l'on tenait à leur égard, parut ce qu'elle
était en effet, c'est-à-dire oppressive et révoltante, et à
dater de cette époque, à partir de ce tour de passe-
passe, de cet escamotage de couronne et de tout ce
tripotage de jongleurs, on vit se tourner, sans retour,
contre le *héros des souverains parvenus* (comme on appelait en ce temps-là Bonaparte) tous les hommes en
qui la cupidité et l'ambition n'avaient pas étouffé jusqu'aux germes de la pudeur sociale et de la bonne foi.

Lier l'Espagne, et par elle l'Amérique à nos plans d'opérations et de commerce ; étendre nos relations aux dépens de l'Angleterre que nous trouvions partout alors
cabalant et armant contre nous ; accroître les débouchés
de nos fabriques, en resserrant ceux de nos ennemis ;
c'était un projet bien conçu et une diplomatie de bon
aloi. L'Espagne avait été la première à traiter avec la
convention nationale aux jours naissants de la république ; elle s'était unie au consulat ; elle avait applaudi
à l'empire, et son concours était indispensable pour
l'affermissement de notre système et le maintien de nos
institutions. Mais pour former ce nœud, pour atteindre
ce but, il fallait employer d'autres moyens que ceux que
réprouvait la justice. Sans la justice rien de durable ;
sans la morale rien de sacré.

Il ne fallait pas arracher brusquement la couronne à
un vieillard ; il ne fallait pas déshériter ses fils et les en-
fermer à Valençay ou à Navarre. Il fallait négocier des
alliances et faire des mariages, non que ce soient des liens

éternels et des bases immuables, mais cela valait mieux enfin que la fraude et l'hypocrisie. Le prince des Asturies et l'infant Don Carlos, devenus gendres ou neveux de Napoléon, auraient adopté sa politique, et leur sûreté était une garantie. En leur partageant la Péninsule et les possessions du Nouveau-Monde, on aurait eu au-delà des mers et au-delà des Pyrénées, non des vassaux et des sujets, mais des amis et des émules. C'était là ce qui était bon et louable et ce qui promettait un noble avenir. Au lieu d'écraser les rois, on attirait les peuples; on faisait des heureux et non des prisonniers, et loin de précipiter à tout risque les événements, on savait ainsi avec art les préparer et les attendre.

Mais dans l'ivresse de la puissance, Bonaparte n'imaginait pas que rien dût s'opposer à ses désirs. Il ordonnait, tout devait obéir, et son étonnement fut extrême de voir en France, à Paris même, à côté des adulateurs, dans son palais, dans sa famille, des hommes de valeur et de poids, ceux qui lui étaient le plus dévoués, hocher la tête à ses projets, blâmer l'expédition d'Espagne, et malgré les bravos de la foule, malgré l'encens des bas valets, censurer amèrement une entreprise qu'il caressait avec tant de charme et à laquelle en secret il mettait le plus de prix.

Ses plans s'agrandissaient avec les circonstances. Il était l'homme de l'à-propos et du hasard. Il allait pas à pas, jour par jour, d'une chose à l'autre, d'une vue à l'autre. Les obstacles irritaient son génie. Empereur, il marchait de trône en trône et de capitale en capitale, de la même manière que, soldat, il était monté de grade en grade jusqu'à celui de général et de consul. C'était un officier de fortune qui ne devait s'arrêter que par la mort.

On le savait bien à Londres, et voilà pourquoi on ne le laissa respirer qu'au tombeau!

Quand il fit, par Junot, attaquer le Portugal, c'était dans le dessein de donner ce royaume à l'Espagne en échange de la Catalogne et de l'Aragon. Charlemagne alla jusqu'à l'Ebre ; Bonaparte voulut comme lui donner ce fleuve pour limite à ses états. Il indiquait les départements sur la carte et nommait déjà les préfets. Mais quand il vit Charles IV en querelle avec son héritier ; quand il apprit les galanteries de la reine ; quand la nouvelle lui parvint de la conjuration d'Aranjuez ; quand il comprit que l'Espagne ébranlée pouvait être au premier occupant, il voulut prévenir l'Angleterre ; ce fut là du moins le prétexte, et sous ce masque, bravant l'Europe, il se jeta sur sa proie nouvelle avec l'impatience du chasseur.

J'ai des notes sur les conférences de Bayonne, sur le quartier-général de Burgos, sur l'entrée de l'empereur à Madrid ; j'en ai sur la lieutenance générale de Murat, sur l'administration du roi Joseph et sur mille anecdotes qui s'y rattachent. Je mets en ordre ces documents et je me propose de les publier ; mais je veux donner aujourd'hui quelques renseignements particuliers sur la province de Catalogne, sur sa situation avant et pendant la guerre, sur le corps d'armée qui l'envahit, et moins sur les opérations militaires (qui ont été retracées et décrites) que sur le régime intérieur, sur les moyens pris pour avoir de l'argent et des vivres, sur les déprédations cruelles qui suivirent notre apparition, sur les abus épouvantables qui régnaient et s'animaient dans toutes les parties du service, et sur les difficultés sans cesse renaissantes qui s'opposaient, dans ce malheureux pays, à l'établissement de nos dominations.

CHAPITBE II.

—

Les troupes françaises qui en 1808 pénétrèrent en Catalogne et qui formèrent, de 1809 à 1813, le 7ᵉ corps
de l'armée d'occupation, furent rassemblées dans l'Aude,
l'Arriége, les Pyrénées-Orientales, et eurent pour com-
mandant en chef, successivement, le général Duhesme,
les maréchaux Gouvyon Saint-Cyr, Augereau, Macdonald, le général Decaen et le maréchal Suchet.

Les commandants espagnols opposés aux nôtres furent en égal nombre. Ils tenaient peu en place, et cette
guerre les usait promptement. Le marquis de Vivès
commença, vint ensuite Reding, puis O'Donnel, Campo
Verde, Lascy et Black.

Ce fut entre les chefs et les troupes une émulation de
cruauté qui couvrit de sang toute la province. Les Anglais, qui avaient une flotte en vue, soufflaient le feu,
envoyaient de la poudre et des boulets aux Espagnols ,

vomissaient leurs bandits sur la côte et faisaient aux Français un mal horrible. Mais je veux tenir la promesse que j'ai faite d'être sobre d'événements militaires et de parler moins de guerre que d'administration. Celle-là a eu ses historiens, celle-ci est demeurée obscure, et c'est elle que je dois éclaircir. Il y a du drame dans ces chiffres et je raconterai plus loin une aventure qui ferait la fortune d'un roman.

Avant l'entrée des Français en Catalogne, l'*impôt cadastral* et la *taxe personnelle* étaient les seules contributions directes qu'on eût mises en recouvrement. On ne connaissait point comme chez nous les patentes, les portes et fenêtres, les centimes fixes, additionnels, facultatifs, et toutes ces gentillesses fiscales qui attaquent et atteignent sous mille formes l'air, l'eau, la bourse et la vie des citoyens. La Catalogne avait conservé de l'indépendance; le gouvernement espagnol la respectait, et le peuple de cette province jouissait de longue date d'une infinité de droits et de franchises, dont il était jaloux et fier, et qui portait le ministère à user de ménagements dans l'assiette de l'impôt foncier.

L'attitude des peuples est la mesure de la conduite des gouvernements. On ne froisse et on n'écrase que ceux qui veulent bien le supporter.

Les contributions directes s'élevaient à peine à cinq millions en Catalogne, somme modique pour une province d'une telle étendue, où la culture des terres est parvenue à une grande perfection et où la population a eu, depuis un siècle, un mouvement d'ascension très-marqué.

Les *douanes* et les *rentes réunies* (droits réunis, contributions indirectes) étaient dans cette contrée les branches principales des revenus du gouvernement. Leur produit annuel, avant la guerre, s'était monté à vingt millions, pour la seule ville de Barcelone.

Le pays, quand nous arrivâmes, offrait des ressources
de tout genre en grains, bestiaux, vins et objets manu-
facturés. Des draps, des toiles, des effets d'équipements,
il y en avait à profusion. Les caves et les granges étaient
pleines, les magasins étaient garnis, et avec des distribu-
tions bien faites, avec un système bien entendu de pré-
lèvements et de paiements, de recette et de dépense,
sans trop peser sur l'habitant, sans trop grever le trésor
public, en ne faisant donner par chacun que ce qu'il
aurait dû, que ce qu'il aurait pu et ce qui eût été indispensable, on se serait fait écouter et estimer, et l'on
aurait assuré pour longtemps l'entretien et la subsistance
des troupes. Mais on agit d'une façon toute contraire, et
le pillage et la dilapidation eurent bientôt anéanti des
richesses qui avaient paru inépuisables et qui devaient
être l'espoir et le salut de l'armée et de la nation. Tout
fut pris sans compte et sans mesure; tout fut outragé et
confondu. On ne respecta ni l'âge ni le sexe, il n'y eut
de raison que celle du sabre, et de loi que celle du plus
fort. Ce fut un cahos et un gouffre; tout s'y jeta et s'y
engloutit. J'essaierais en vain de peindre le désordre affreux de cette première campagne et les vexations qu'eurent à souffrir tous ceux, petits et grands, qui passaient
pour avoir dans un lieu ou dans un autre des épargnes et
des provisions. On venait les réveiller la nuit, on en-
fonçait toutes les portes, on ouvrait toutes les armoires,
on cherchait derrière les meubles, le *prie-Dieu* et les ta-
pisseries, on levait les carreaux et les dalles, on fouillait
la terre des jardins, la paille des étables, rien ne restait
sans être visité; on perçait les futailles, on brisait les
bouteilles, on se jouait des dégats et de la ruine, et par-
dessus tout on battait et l'on martyrisait les gens chez
lesquels on ne trouvait pas tout ce qu'avaient annoncé
les délateurs.

Pour se soustraire à ces traitements, les Barcelonais

qui en eurent la possibilité, s'échappèrent et s'enfuirent, cherchant un asile au loin; les uns se jetèrent sur la flotte anglaise et passèrent en Amérique ou à Londres; les autres descendirent vers les provinces méridionales de l'Espagne même, et y mendièrent une existence et un abri. Ce fut partout une vraie désolation, et il en dut naître, dans le cœur des familles, une haine profonde et implacable dont nous ne tardâmes pas à ressentir les effets.

J'écris ces choses par amour de la vérité, et je ne crains pas de tracer ces tableaux, quoiqu'ils puissent tourner à notre honte. Assez d'exploits les ont couverts; assez de vertus rachetèrent nos vices, mais ce qui se passa en Catalogne méritait un récit à part, qui devait apparaître au jour afin de servir de rempart et de leçon, pour détourner les nations de la guerre et les soldats de leur imprévoyante férocité.

Les émigrants emportèrent avec eux tout ce qu'ils purent de leur or et de leurs bagages. Leur effroi causa notre perte et nos malversations reçurent leur châtiment. Jusqu'aux jours de l'émigration, l'armée avait trouvé à Barcelone des vivres sains et abondants, qui étaient fournis par l'intendant de la province sur les bons du général en chef. Les anciennes contributions existaient et se percevaient encore; leur produit suffisait aux approvisionnements; les autorités espagnoles et françaises étaient ou paraissaient d'accord; on se partageait le pouvoir et les ressources; nulle perturbation n'avait eu lieu. Mais cela ne dura qu'une semaine. Au bout de huit jours tout se rembrunit, et le mois n'était pas écoulé que tout avait entièrement changé de face. Les duretés amenèrent les résistances; l'impôt cessa d'être payé; le pain et la viande manquèrent, et Barcelone, cette ville florissante qui, dans son sein, le premier mars, comptait plus de cent quarante mille habitants, n'en avait pas, le quinze avril, cinquante mille.

Non-seulement les riches, mais les pauvres, tout fuyait la famine et la mort. Les rues étaient désertes, les routes étaient encombrées, l'anxiété de toutes parts était au comble. Les murmures de ceux qui restaient, leurs cris, leur indocilité, rendait la position des Français fort inquiétante. Un corps de troupes s'était porté devant Girone; il avait investi la place, mais sans pouvoir s'en emparer. Il fallut peu de jours après lever le siége, et ce pas rétrograde, dès le début, enhardissant les Espagnols, Barcelone fut bloquée par eux ; ils s'étaient levés au nombre de plus de vingt mille et ils mettaient leurs soins, de tous les côtés, à empêcher l'arrivée de nos convois.

Nous avions, dans la ville même, formé une junte composée d'Espagnols. Elle était spécialement chargée de veiller au repos et aux besoins de la population. On lui intima l'ordre de s'occuper aussi de nourrir l'armée; mais on conçoit qu'elle y mit de la lenteur, et toutes nos plaintes, toutes nos menaces et de rudes exemples qui furent faits, des hommes marquants qui furent sacrifiés, ne firent qu'aigrir le mal et qu'irriter la plaie. Les Catalans aimaient mieux périr que de nous aider, et la haine de la tyrannie faisait en eux taire la prudence, l'intérêt et la religion même, dont ils imploraient le secours.

Qu'on juge d'une situation pareille : une armée qui exige et un peuple qui refuse ; une nécessité tous les jours plus pressante et que rien ne peut satisfaire ; les haines qui croissent au milieu de périls ; un état-major nombreux qui ne veut manquer de rien et qui se plonge dans des excès de luxe, à côté d'une assemblée de notables, d'une junte que l'on pousse à bout, qui ne voit qu'avec horreur ce cynisme et qui signale ces turpitudes à la multitude effrénée.

Une telle situation n'était pas tenable, et les deux partis ne pouvaient en sortir que par la violence.

Duhesme explorait la campagne et Lecchi gouvernait la place. Nos troupes se composaient de Français, de Napolitains, de Milanais, de Sardes. Même cause sous divers uniformes ; discipline mal aisée à maintenir entre des bataillons rivaux, et des hommes de mœurs différentes qui ne se ralliaient qu'au danger commun.

Duhesme avait fait la guerre sous Championnet dans les Calabres, et il savait comment on pourchassait dans les montagnes ceux qu'on nommait des insurgés et des brigands. A l'égard de Lecchi il faut distinguer ; il y avait trois frères de ce nom à l'armée franco-italienne : Joseph, Théodore et Saint-Ange. Saint-Ange et Théodore furent de braves gens qui moururent honorés. Mais c'est ici de Joseph que je parle, il ne faut pas le confondre avec ses frères. Son tempérament était d'une autre trempe, et pour le peindre il faut d'autres couleurs. Dans la moitié de sa carrière militaire il montra la plus rare valeur, et même jusqu'à la fin il fit preuve de courage. Mais que fait l'intrépidité, que font la valeur et le courage s'ils ne sont pas accompagnés de la modération dans la victoire et de la générosité après le combat ? Qui vantera les vertus guerrières si elles sont ternies par l'avarice, l'astuce, la débauche et la brutalité ?

Lecchi se conduisit à Barcelone avec une telle barbarie, que sa mémoire aujourd'hui encore y est exécrée et maudite. Sous son règne et en sa présence on fusillait sans forme de procès tout Catalan, propriétaire ou fermier, qui tardait d'une heure à apporter au palais du gouverneur ou aux casernes, la somme d'argent ou les denrées pour lesquelles il était taxé dans les réquisitions journalières.

Le renom d'avoir du bien était un arrêt de mort. On voyait là se reproduire les scènes de la *Vendée* et de la *Terreur*, et cela se passait à vingt lieues de nos frontières, dans un pays que nous voulions soumettre à nos lois, attacher à notre fortune; chez des peuples que, dans nos proclamations, nous avions l'audace encore et la folie d'appeler du nom de frères!

CHAPITRE III.

J'insiste sur des faits sinistres et je n'en adoucis point
le tableau. Assez d'auteurs ont écrit pour la gloire et
n'ont vu en Espagne que nos lauriers. Indulgents pour
la guerre, ils ont abaissé un voile sur les scènes de bassesses et de vol. Mais je révèle ce qu'ils ont caché,
je prends en main la cause de la foi publique et de l'humanité. C'est exprès que j'ai recueilli les traits hideux de
cette invasion déplorable. Je voudrais ôter le goût de
ces grandes iniquités politiques. De quel droit aller
troubler un peuple, jusques dans ses mœurs les plus intimes ? Faut-il encore avoir des louanges pour les instru-
ments de ces calamités ? non, le siècle de la raison est
arrivé et voici l'heure d'en parler le langage. Ces pages
seront lues, ces accents retentiront et cette pensée me soutient et m'encourage. Si à la fin de chaque campagne tous
les faits militaires et civils étaient scrupuleusement exa-
minés ; si la conduite des chefs et des agents était scrupuleusement appréciée ; si le compte impartial en était
rendu à la nation et aux chambres ; si la publicité me-
naçait et éclairait tous les actes, on verrait moins de

meurtres et de brigandages, et de plus, les grands cordons et les faveurs ne seraient pas si souvent prodigués
à des hommes qui, en bonne justice, n'auraient encouru
que le blâme et l'animadversion.

Mais cette fois, la déloyauté prenait sa source aux
Tuileries. C'était l'empereur qui était avide, impoli-
tique et faux, et ses lieutenants enhardis par son exemple, donnaient l'essor à leurs passions, dans l'espoir
de l'impunité.

Le prétexte de l'invasion était spécieux, c'était Lisbonne qu'on voulait enlever à l'influence britannique.
D'après un traité passé sous le Directoire, confirmé
sous le Consulat, interprété largement sous l'Empire,
une armée française de quarante mille hommes devait,
au premier signal, traverser la Biscaye, le royaume de
Léon, la Galice et l'Estramadure, et se porter sur le
Minho et sur le Tage. La lutte avec l'Angleterre s'en-
venimait chaque jour, et ses commodores insolents
mettant sous le joug la maison de Bragance, il fut décidé
qu'on marcherait contre eux, qu'on les renverrait sur
leurs vaisseaux et qu'une armée alerte et brave irait
chercher nos ennemis jusques sur le point éloigné où
ils osaient défier notre pouvoir.

Junot fut mis en tête de la colonne. Excellent pour
commander une avant-garde, il s'acquitta fort bien d'a-
bord de sa mission, il se tira lestement de la conquête et
il la mena tambour battant. Mais il n'eut ensuite aucune
des facultés nécessaires pour organiser le pays et pour
s'y maintenir. Il entra vaillamment à Lisbonne, mais il
ne put y demeurer. Il perdit le terrain aussi vite qu'il
l'avait gagné ; après avoir fait, comme soldat, des ma-
nœuvres héroïques, il fit, comme gouverneur général,
fautes sur fautes, et il se vit contraint à des capitulations
qui furent un essai de nos désastres et le premier anneau de la chaîne de nos revers.

Mais n'anticipons pas sur les événements. Après Junot, le premier qui franchit les Pyrénées, par l'ouest, venant de la Gironde, ce fut ce malheureux Dupont de l'Etang, homme d'esprit, poète de talent, général habile, administrateur distingué ; aimé de Carnot, estimé de Bonaparte, et qui, en vingt rencontres, avait dû la victoire à sa valeur, mais qui échoua complètement en Espagne, et qui, après s'être un moment posté et reposé à Valladolid, pénétra dans le sud, et à peu de temps de là, conclut, en compagnie de Marescot, cette fatale convention de Baylen qui frappa au cœur Napoléon, et qui lui fit donner le nom de traîtres à tous ceux qui l'avaient signée.

Moncey vint le troisième ; son corps d'armée suivit celui de Dupont. Il s'établit à Burgos et tint en échec l'Aragon en attendant qu'il pénétrât dans la Castille. Lui, Moncey austère dans ses principes, et qui de nos guerriers était le modèle, il se soumit au commandement suprême et donna l'ordre à Darmagnac et à Thouvenot, deux de ses généraux expérimentés, d'aller surprendre, contre le droit des gens et de l'alliance, l'un Pampelune, et l'autre Saint-Sébastien.

Ces trois corps d'armée étaient chacun de vingt-cinq mille hommes. Ils étaient censés se diriger sur le Portugal, et le cabinet de Madrid, malgré ses soupçons et ses craintes, ou plutôt à cause même de sa frayeur, avait donné des instructions pour que sur toute la ligne, ils fussent reçus avec des démonstrations d'amitié et de joie.

Duhesme, que nous avons vu sortir de Perpignan et qui s'avançait sur Barcelone, n'avait avec lui que douze mille hommes ; il disait aussi qu'il marchait sur Lisbonne. Le détour qu'il prenait était long : passer par Valence, gagner Cadix à travers l'Andalousie, et de là se porter sur les Algarves pour prendre à revers le Portugal.

Ces projets n'étaient que des leurres. Personne n'en était dupe. Il n'y avait de dupe que l'empereur. Lui seul était assez aveugle, assez préoccupé de ses plans pour croire qu'il en gardait le mystère. Le voile pour tout le monde était levé. Le but avéré de sa marche, l'objet de ses déploiements de forces, était le secret de la comédie. En France comme en Espagne les moins avisés suivaient le fil de l'intrigue; les plus sages en prédisaient le dénoûment.

Cependant le général Duhesme, moitié contrainte et moitié persuasion, prit Figuières et Sàn-Fernando; il s'empara de Barcelone et du Montjoui. Il courut aussitôt à Gironne; mais moins heureux devant cette place et se repliant sur la capitale de la province, il fut consterné d'apprendre le résultat funeste et pourtant inévitable des mesures tyranniques de Lecchi. La ville était en deuil, l'émigration dépeuplait tous les quartiers et portait au loin l'horreur de nos lois et de nos armes. Dans l'espoir d'arrêter les Espagnols, Duhesme ordonna le séquestre et la confiscation des biens, meubles et immeubles, de tous ceux qui auraient franchi les portes sans congé.

Ce n'était pas tout que le séquestre des biens, Duhesme en ordonna la vente, et l'on vit un général français qui renouvelait en Catalogne, les mesures et les scènes de spoliation qui avaient, sous la convention et le directoire, désolé notre patrie et déshonoré la sainte cause de la gloire et de la liberté.

Entré dans cette voie, on y marcha à pleines voiles. Une fois la digue rompue, l'esprit de rapine se précipita comme un torrent. On essaya de jalonner ces ravages, mais la tempête soufflait avec violence; elle franchit tout, emporta tout et ne laissa bientôt après elle que des lambeaux et des débris. Une *commission des biens des absents* avait été chargée d'administrer les propriétés confisquées, de les mettre à l'enchère et de surveiller la rentrée des produits. Des pouvoirs sans bornes étaient donnés aux commissaires ; ils ne relevaient que du gouverneur général, ils ne devaient de compte qu'à lui ; et ce gouverneur, harcelé de toutes parts, occupé à se défendre au dehors contre les attaques persévérantes des miquelets et des rebelles, n'était ni en position ni en goût d'apporter une attention bien soutenue aux opérations financières de la commission des émigrés.

Ces opérations ne furent qu'une série non interrompue de prévarications impudentes. Dès que la mesure était prise, que la confiscation était prescrite, que la mise en vente était ordonnée, et quelqu'immorale que fût l'entreprise, du moins devait-elle procurer d'immenses avantages pour l'alimentation de l'armée et l'approvisionnement de ses parcs. On avait là des biens et des valeurs incalculables, et puisqu'on mettait la main dessus, on devait y trouver des moyens sûrs de se bien établir, de se bien équiper et de tenir tête à tous les genres d'ennemis. Mais ces avantages, ces ressources et tout, encore une fois, fut annulé par l'incurie et le gaspillage. Les terres et les maisons furent données à vil prix, et quant aux meubles, effets, bijoux, ils devinrent la proie d'hommes insatiables qui les enlevaient et se les appropriaient avant qu'on ne les eût inscrits sur aucune liste et qu'on ne les eût mis à l'encan. C'était un repaire et une curée où des êtres vils et cupides déchiraient à belles dents et dévoraient toutes les richesses des Catalans.

S'il y avait quelques formes prescrites, on se gardait bien de les suivre. Les concierges des maisons d'émigrés étaient déclarés responsables ; il était dit qu'il y aurait des inventaires, et qu'un double en serait déposé au trésor. Mais qui prenait le soin d'en faire ? personne. Aucune des conditions voulues n'était remplie. On se moquait des arrêtés du gouverneur et toutes ses colères n'étaient que feintes. Un garde-magasin supérieur était commis et délégué pour la totalité des ventes. Il s'était logé dans un bel hôtel confisqué pour en faire le centre de ses machinations. C'était lui qui désignait arbitrairement les objets de toute nature qu'on devait dans la journée mettre en adjudication. Quelques criées se firent de la sorte, mais si légèrement, si irrégulièrement, les registres en furent si mal tenus, qu'il fut absolument impossible d'en constater le montant et le produit. Il fallait qu'un notaire légalisât par sa signature les ventes et les procès-verbaux ; mais cette formalité devenait illusoire par le soin qu'on avait de séduire l'homme de loi, et de stimuler sa complaisance par des présents et des promesses et par la portion qui lui était faite dans la capture et les profits.

Rien de semblable ne s'était vu en Espagne depuis la guerre de la succession. Vendôme alors y fit merveille par l'indiscipline de ses troupes et le scandale de ses déprédations. Ces vieilles rancunes se joignant aux haines nouvelles, donnaient à la guerre un caractère plus terrible et plus noir. Aux deux époques les Anglais étaient derrière, marquant la place où il fallait frapper, comptant les coups, fournissant les armes, les subsides ; dangereux aux assiégeants, rançonnant les assiégés, épiant de sang-froid les vainqueurs et les vaincus, prenant le parti, non le plus juste mais le plus utile, vivant de fruits de la discorde universelle et nourrissant le colosse de leur puissance de la chair de tous les morts, passée par la flamme des incendies.

CHAPITRE IV.

—

Les horreurs et les fautes commises sur tous les points, dans toutes les villes, avaient excité les Espagnols à une insurrection générale. Murat qui avait pris un moment le commandement supérieur des troupes françaises et qui, nommé par Charles IV lieutenant-général du royaume, était entré triomphant à Madrid, y tomba malade et fut obligé d'en sortir. Tout pliait : Junot était battu, Dupont prisonnier, Duhesme bloqué. Napoléon voulut par sa présence rétablir les affaires, et, après l'entrevue d'Erfurth, sûr de l'amitié d'Alexandre, ayant conclu avec lui le partage des deux couronnes, de l'Orient et de l'Occident, il partit pour l'Espagne et data bientôt ses décrets de Vittoria, de Burgos, de Madrid et d'Astorga.

Ney, Lefebvre, Soult, Bessières, Victor et l'élite des généraux le suivirent. Gouvyon Saint-Cyr passa les Pyrénées par l'est et eut la mission de débloquer Duhesme. Il s'en acquitta habilement. Sa marche fut hardie à travers les montagnes. Il ne prit point avec lui d'artillerie. Il combattit à l'arme blanche, au pas de charge, à la baïonnette, enleva des positions formidables, culbuta de toutes parts l'ennemi, à Saint-Pierre, à Selva, prit Roses, et le fort de la Trinité, se précipita sur la Fluvia, le Ter et l'Abisbal, grimpa le San-Celoni, le Trenta Passos, se rangea en bataille sur le plateau de Cerdaden, renversa tout, brisa tout, rompit tout, et après six jours d'une course impétueuse par les défilés, au milieu des périls, il entra dans Barcelone où la garnison et le peuple étaient dans un état critique de misère et d'exaspération.

Gouvyon eut sous ses ordres Duhesme et Lecchi, puis Chabran, Reille, Pino, Souham et Fontana, qui faisaient partie de la première troupe entrée en Catalogne. Il amenait avec lui Chabot qui était petit, contrefait, grand buveur, grand mangeur, mais d'une bravoure à toute épreuve et qui s'était fait remarquer dans les guerres de la Vendée et de l'Italie.

Le marquis de Vivès commandait les Espagnols. Souvent il les avait fait vaincre, mais enfin quand ils furent vaincus, ils destituèrent leur général. Ils le mirent au cachot et voulaient le massacrer. Dans les guerres nationales, il faut toujours être victorieux, car la défaite est réputée trahison, et la déroute du soldat, souvent le fruit d'une terreur panique ou d'une soudaine lâcheté, est attribuée à la mauvaise volonté du chef ou à sa sottise.

Beding qui commandait les Suisses au service de l'Espagne, avait dans le midi contribué à la déconfiture de Dupont. Il se trouvait en Catalogne préconisé par les Anglais. Il fut élu à la place de Vivès et par son activité, par ses marches, ses bataillons réguliers, ses miquelets et ses guérillas, ses munitions toujours abondantes, ses guides infatigables, ses moines qui embrasaient tout, il força le maréchal Gouvyon à se tenir sur la défensive, au moins jusqu'à ce qu'il eût reconnu le pays, étudié les hommes et les choses et réorganisé son armée, ses finances, son administration, son parc, son matériel et ses hôpitaux.

Barcelone était aux abois. Par l'émigration, qu'on ne l'oublie pas, l'impôt était réduit à rien. Les réquisitions en nature n'avaient pu se réaliser durant le blocus. On éprouva quelque soulagement quand le maréchal eut chassé les insurgés loin de la place. On eut des vivres frais, de la viande et des légumes; on parvint à faire rentrer quelques fonds dans les caisses, et l'on fut à même de payer aux troupes quelques mois de la solde arriérée, ce qui remonta leur esprit.

Quelques fruits, quelques pièces d'argent, le moyen d'avoir du tabac et de boire un verre d'eau-de-vie à la cantine, c'en est assez pour relever le moral d'une armée et pour décider du sort d'une campagne et d'un empire.

Cependant ce moment de relâche ne faisait pas qu'il fallût s'endormir. Ce n'était pas assez du présent, il fallait songer à l'avenir. Ce n'était pas tout que le pain et le courage du jour, il fallait ceux du lendemain ; on chercha donc, on s'ingénia et l'on crut qu'on doublerait les rentes en changeant le mode d'établissement et de perception de l'impôt.

C'est une remarque essentielle que je veux faire et qui peut servir aux régisseurs futurs des provinces conquises : toute innovation en finances est fatale à ceux qui la tentent, et cette maxime est surtout applicable aux pays nouvellement et douteusement occupés. Il y a des méthodes convenues dont on ne peut s'écarter sans risques. Le mieux qu'on croit avoir trouvé devient le pire et l'on se jette, par cette prétention et cet écart, dans un trouble et un labyrinthe dont il est ensuite presqu'impossible de se démêler. Pour bien faire donc et dans les embarras les plus grands, il faut

éludier les usages, agir selon les coutumes, respecter les
préjugés et se plier aux mœurs des peuples qu'on gou-
verne, car de lutter contre leurs habitudes et de vouloir
les rompre à des formes qui leur sont antipathiques, c'est
se créer sottement des obstacles, c'est entraver soi-
même sa marche et frapper ainsi par la base l'édifice
qu'on voulait élever.

Ce que je recommande de ne pas faire, le maréchal
Saint-Cyr le fit. La junte espagnole consultée, il eut l'a-
dresse de faire adopter une idée qui ne pouvait avoir
que des suites fâcheuses. La junte le savait bien, mais elle
n'était point arrêtée par là, au contraire, son but était de
lasser le gouverneur et l'armée et le peuple par des mesures fausses, par des résultats désastreux, afin d'ani-
mer les désordres et de hâter les effets d'une conflagra-
tion générale qu'elle voulait allumer, et qui était l'objet unique de ses prières et de ses vœux.

Cette idée consistait à faire supprimer l'impôt cadastral et personnel qui atteignait tout le monde, et à le faire
remplacer par une contribution exceptionnelle qui
frapperait exclusivement sur les riches, les gros propriétaires. Ce fut là l'invention absurde qu'approuva
trop vite le maréchal. Le petit marchand, l'ouvrier, l'ar-
tisan, tout ce qui était dans les basses classes fut
exempté de cette taxe nouvelle à laquelle on donna le
titre de *contribution des maisons*, parce qu'en effet elle
avait pour garantie les loyers et fermages, et qu'elle était
basée sur l'estimation plus ou moins bien faite des maisons de ville et de la campagne aussi loin qu'on pourrait
la percevoir.

Qu'advint-il ? qu'obtint-on de tout cela ? Ce que tout
homme sensé ou de bonne foi avait dû prévoir : en resserrant l'impôt, on avait cru en faciliter la perception ;
et ce fut tout l'opposé. La taxe fut mal répartie et encore plus mal payée. L'opinion, l'esprit de parti, la conni-

vence ou l'animosité, influèrent sur le tarif. L'impôt frappait sur des gens qui, tout riches en bien-fonds qu'ils pouvaient être, n'avaient généralement point de ressources pécuniaires et disponibles. C'est toujours le commerce et la petite propriété qui fournissent le plus promptement à l'impôt et le plus commodément ; or, ici on les libérait de toute charge, donc on devait y trouver du mécompte et ce fut aussi ce qui arriva.

Il y eut des erreurs manifestes ; les nouveaux imposés étaient quelquefois inscrits sur les rôles pour des sommes plus fortes que leurs revenus. Les collecteurs ne touchaient qu'avec peine, les réclamations venaient de tous côtés, l'émigration croissait et redoublait, et l'on n'entendait jour et nuit que rumeurs et que lamentations.

Autre embarras : des marchés étaient passés avec des fournisseurs pour des munitions et des vivres ; des prix étaient réglés, des termes assignés. Les soumissionnaires tenaient leurs engagements ; les magasins et les hôpitaux étaient pour un temps pourvus des objets et denrées nécessaires. Mais que faisait le gouverneur Lecchi ?

Il gardait l'argent, ne payait point les fournitures et par lui tout était paralysé, les maux reparaissaient, les plaintes se ranimaient, la ville était en alarmes, on assiégeait la demeure du général, on cassait les vitres des munitionnaires, ceux-ci se débattaient en accusant l'autre, et tout se terminait par de nouveaux marchés passés sur des bases plus onéreuses, et qui de la part de l'autorité militaire n'étaient jamais mieux observés.

Où était donc le maréchal Saint-Cyr et comment souffrait-il ces rapines ?

Le maréchal avait repris l'offensive ; il était entré en campagne ; il marchait sur Wals et sur Reuss, il combattait sur les rives du Francoli et faisait, avec ses soldats, des marches forcées et des miracles, mais sans avancer d'une semelle dans la soumission du pays.

Reding fut blessé à mort par un dragon du 24°. Black le remplaça dans le commandement en chef des Espagnols ; O'Donnell était à la tête de l'avant-garde. Ces chefs s'appliquaient à fatiguer nos colonnes, et quand ils étaient trop vivement poursuivis, ils se jetaient à Girone, Hostalric et Tarragone qu'on n'avait pu arracher de leurs mains.

Tous les champs étaient abandonnés, toutes les villes étaient muettes. On mettait le feu aux hameaux qu'on prenait, aux greniers qu'on quittait. Chaque bataillon épuisait en un mois ce qui aurait pu suffire à une armée. Les dragons et les hussards, harassés, désespérés, aigris par les dangers, plus encore par les privations, n'épargnaient plus rien, ne connaissaient plus rien, ils faisaient manger à leurs chevaux les blés en herbe, faute de paille et d'autre fourrage, et quand vint l'heure de la récolte il n'y avait plus ni épis ni moissons, les femmes étaient en pleurs, les hommes étaient en armes, les troupes n'avaient plus ni rations, ni asile ; Espagnols et Français, tous erraient dans les chemins et sur les rochers comme des loups affamés, ne courant qu'après des vivres et ne songeant plus à se disputer les palmes et la gloire, mais un gîte, un manteau et du pain !

On quitta Reuss faute de subsistances ; on vint se replacer sous les murs de Barcelone et la débloquer de nouveau. Pour la dixième fois elle manquait de tout, et ses remparts étaient comme un vaste sépulcre où le peuple et l'armée allaient s'ensevelir.

Et notez toujours qu'à côté de ces fantômes errants, au milieu de cette foule qui souffrait et hurlait, il y avait un petit groupe privilégié ; groupe d'épauletiers, de commissaires, d'adjoints, d'employés de toute espèce, qui étaient bien vêtus, bien logés, bien repus ; groupe en dehors de l'habitant et du soldat ; groupe sans loi, sàns foi, sans patrie ; groupe de juifs ou, comme on les nommait, de vampires qui suivaient l'armée et la dévoraient, renouvelant en Espagne toutes les orgies du temps de Schérer, et toutes les bassesses des fournisseurs du directoire.

Le soldat, par instinct, a de la haine pour tous les hommes de l'administration militaire. Cependant, il faut le dire, cette administration, quand elle est bien conduite, rend d'immenses services à l'armée ; mais en Catalogne, elle était abominable, aux jours dont je fais le tableau. Toute la race des entrepreneurs et des vautours s'était donné rendez-vous aux Pyrénées. Du haut des sommets et des pics elle s'était abattue sur l'Ibérie ; elle en buvait le sang ; elle en déchiquetait le cœur. Race odieuse pour qui la sueur et les larmes sont de l'ambroisie et qui se berce et s'endort dans la mollesse, au cri des plus violentes malédictions.

CHAPITRE V.

—

Vich est une ville très-agréable de la Catalogne. Elle est située sur une petite rivière, dans un vallon fertile; elle a des troupeaux superbes dans ses pâturages et des fruits délicieux dans ses vergers. Ajouterai-je que les femmes y sont remarquables pour la beauté de leurs traits, la grâce de leur tournure, la dignité de leur maintien? mais ces malheureuses femmes, puis-je en parler sans gémir sur le sort qu'il leur fallut subir pendant toute la guerre d'Espagne? On foulait aux pieds tous les principes, et l'on prenait à tâche de renchérir chaque jour sur tous les genres d'abomination.

Pauvres femmes, dédaignées et insultées; objets des désirs et des outrages! Français et miquelets tour à tour rivalisaient contr'elles de barbarie et d'impudence ; et elles, ces courageuses femmes, elles se vouaient , dans leur abandon et leur détresse, à un amour de la terre natale et à un élan de vertu qui était porté jusqu'au sublime.

Il y en avait qui s'armaient, qui partaient, qui se cachaient dans les buissons et les montagnes, et qui, pour venger leur honneur blessé, leurs frères morts, leur culte renversé, leur patrie déchirée, tuaient nos traîneurs et décimaient nos escortes. Par elles et par les embûches de toute sorte, par les empoisonnements et les batailles, il a péri en Espagne plus de deux cent mille Français.

L'Espagne a plus coûté que la Russie !

Méditez après cela sur la guerre, et allez, si vous l'osez encore, trahissant un peuple et dégradant ses chefs, allez vous moquer de ses croyances et essayer de ruiner ses coutumes pour le ranger, malgré lui, à vos lois !

Un jour il y eut un colonel qui, harassé de fatigue et après vingt combats, entra dans un village, y cantonna son régiment, fit mettre les chevaux dans l'église comme dans une écurie et s'établit de sa personne chez l'alcade.

La maison était de belle apparence. La famille y était demeurée. La femme était dans une salle haute, assise auprès du feu et sa fille était à genoux à côté d'elle. L'alcade était debout, les bras croisés, le regard sombre. Quand le colonel entra, il vit à peine ces trois personnes et, dans son excès de lassitude, il se jeta tout éperonné sur un lit de repos qui était au fond de la salle.

Ce lit était de soie, à franges d'or. Tout le meuble était vieux, mais de prix. C'était l'orgueil de la famille, et en le voyant traité si dédaigneusement par l'officier, l'alcade fronça le sourcil.

Le colonel était jeune encore et il avait une faim qui s'expliquait par une longue course faite à jeun dans un pays de sable. Il dit au maître du logis : « Qu'on mette » la table ; donnez-moi une carpe et un brochet.

» — Comment, dit l'Espagnol, un brochet et une » carpe ?

» — Oui, sans doute et surtout promptement.

» — Mais nous n'avons qu'un lièvre à vous donner.

» — Je ne veux pas de lièvre ; .... je demande du
» poisson.

» — Cependant, colonel...

» — Eh quoi ! vous balancez ?...»

Ici les deux femmes se redressent, elles veulent se lever ; l'Espagnol leur fait signe de se rasseoir; il marche
droit au lit où l'officier étendu donne ses ordres, et d'un
ton ferme, il s'écrie : «Nous n'avons en ce pays ni étang,
» ni rivière, on n'y connaît pas le poisson, mais le gibier,
» et je vous offre le lièvre que j'ai fait apprêter pour
» moi-même...»

L'officier ne le laisse pas achever. Enflammé de colère, il tire son sabre et s'élance sur l'alcade en levant
le bras, mais celui-ci plus prompt que l'éclair, court à
lui la tête basse, évite l'acier, saisit l'homme au corps,
l'enlève, l'emporte, et le précipite dans la rue par la fe-
nêtre qui était ouverte.

Après ce coup, il fuit, il traverse le village, il va se
cacher dans les montagnes. Mais le colonel est mort, et
les deux femmes, restées derrière, sont en proie à une
rage sans frein.

Voilà le pays et les scènes qui s'y passent, voilà un
trait qui se rapporte au dernier village qu'on rencontre
quand on va de Figuières à Vich. Le maréchal Saint-
Cyr se dirigea sur cette ville pour y vivre et y fourrager.
Il n'avait point de nouvelles de l'empereur. Les routes
étaient coupées, infestées, interceptées. Les courriers ne
passaient plus. Les officiers qu'on envoyait en ordon-
nance étaient pris et fusillés à moitié chemin. Par mer
on trouvait la flotte anglaise ; par terre, les bois, les ge-
nêts, les fossés qui étaient hérissés d'assassins. Il fallait un
régiment pour marcher en plaine avec quelque sûreté ;
dans les défilés et les gorges on ne passait qu'à travers
la mitraille et chaque pas était une escarmouche ; à
chaque halte il y avait un combat.

Quand on eut tout mangé à Vich, il fallut retourner en arrière, laissant les blessés dans la ville sous la garde de l'évêque qui les fit soigner dans son palais et les sauva de la fureur des moines, des Suisses et des miquelets.

Un moine se glissa, une nuit, dans la chambre des malades, à l'évêché. Armé d'un poignard, il s'était mis derrière une porte et son projet était bien arrêté : il devait, quand les infirmiers et les servantes seraient retirés, ou qu'il n'en resterait plus qu'un ou deux pour faire la garde, il devait, dis-je, ardent pour sa cause, et inspiré de l'esprit de l'enfer, frapper en silence et exterminer tous les blessés. Mais il fut découvert par une femme, et l'évêque aussitôt averti, se présenta à ses yeux, le glaça de terreur par ses reproches et le chassa devant lui comme un reptile dont il avait neutralisé le venin.

Mais si le soldat échappait aux piéges et aux batailles, il succombait à des maux incurables, tels que le découragement et l'ennui. Ce qui le soutient quand il a passé la frontière, c'est le vaguemestre et la voix du pays. Il faut qu'il parle de la France et qu'il en entende parler. Il faut qu'il ait des lettres qui le tiennent au cours des affaires du pays-natal. Le Gascon veut savoir ce qu'on fait à Bordeaux ; le Normand ce qu'on fait à Falaise ; il s'informe du bruit de ses armes et du retentissement de ses exploits. L'oubli et l'indifférence lui sont funestes. Il entend qu'on s'occupe de lui, et surtout il faut qu'il soit libre et que devant ou derrière lui il se sente une issue, une retraite, un abri.

Enfermé dans la Catalogne, privé de communications et de nouvelles, il était prêt à se croire perdu. Le maréchal, pour le distraire, le mena au siége de Girone. Pour la seconde fois on investit la place, mais avec peu de monde, et non pas si bien que les Espagnols ne parvinssent à y faire entrer plus d'un convoi.

Il y eut un moment où Black, le général ennemi, parvint à tromper si complétement nos troupes qu'il les attira devant Hostalric en leur faisant croire à une bataille, et trouva moyen de ravitailler si bien Girone que la prise ainsi en fut reculée de plusieurs mois.

Cette faute fut une des causes de rappel du maréchal. Il quitta l'armée sans regret et fut peu regretté par elle. Il avait montré en arrivant une habileté et une valeur brillantes ; tout alors lui avait réussi et on le saluait déjà du nom de vainqueur de la Catalogne. Mais la fortune tourna tout à coup ; le défaut de vivres empêchait la discipline ; le pillage, qu'on tolérait, démoralisait l'esprit de l'armée. Les courses, le climat, les batailles, enlevaient tous les mois beaucoup d'hommes et les remplacements ne se faisaient pas. Ces brèches qu'on ne pouvait remplir, affaiblissaient les rangs et les lignes ; les escouades étaient éclaircies ; en se comptant on ne se rassurait pas ; cependant l'ennemi doublait en nombre et en force, en expérience et en témérité. Tout combattait pour lui, tout s'armait contre nous. Nos excès diminuaient nos chances ; le repos même nous eût épuisés. Ce fut là dans quelles conjonctures Gouvyon Saint-Cyr quitta le commandement et le remit aux mains d'Augereau qui avait été simple garde wallonne et qui rentrait en Espagne maréchal.

CHAPITRE VI.

—

Augereau avait peu d'empressement pour se rendre
en Espagne. Il connaissait Barcelone et Madrid. Il avait
servi dans ces deux villes. Il avait vu Girone, Tarragone, Hostalric ; il connaissait l'esprit des habitants et
des garnisons. Il savait le peu de forces réelles que nous
avions en Catalogne ; il s'était fait donner des notes
claires et positives sur l'état des fonds, des routes, des
arsenaux, des magasins. C'était un vieux soldat qui connaissait le métier et qui, en entrant en campagne, regar-
dait autour de lui pour sonder le terrain, étudier les
hommes, disposer ses batteries et ne laisser rien en souf-
france de ce qui dépendait de son intelligence et de son
pouvoir. Il fut instruit de la pénurie et du désordre qui
régnaient dans son nouveau gouvernement ; il n'ignora
pas que le découragement s'était emparé des troupes et
il ne prenait qu'à son grand regret le commandement
du septième corps.

Son mariage n'était pas de longue date. Sa femme

était Mlle de Chavranges, fort jeune, fort jolie, fort spiri-
tuelle, sans dot aucune, mais c'était précisément à cause
de cela qu'il l'avait obtenue de sa mère, et il était char-
mé d'avoir fait sa fortune, à elle qui promettait de faire
son bonheur.

Il en était épris, il en était jaloux, et, comme on peut penser, il ne voulut point d'abord la laisser à Paris. Il l'emmena
avec lui à Perpignan, et il resta dans cette ville un grand
mois malgré l'ordre et l'impatience de l'empereur. Mais
Augereau tint bon, et il fit cette pause à la veille de la
campagne, soit parce qu'il se sentait un peu malade,
soit parce qu'il ne voulait pas se mettre en route avec
la duchesse sans avoir une bonne division pour escorte,
et s'arranger bien pour ne pas se voir, en chemin, enlever sa femme.

C'est dans les Pyrénées qu'est cette vallée de Ronce-
veaux où Roland, comte d'Angers, célébré par l'Arioste,
fut battu traîtreusement et perdit la vie et sa dame. Augereau ne voulait pas subir le même sort, et il prenait
ses précautions pour éviter les méchantes aventures. Il
partit, mais il partit seul, et pour mieux assurer le succès, il crut devoir s'annoncer par une sévérité extraordinaire. Les Anglais avaient coupé les chemins, les Espagnols avaient fait de toutes parts des abattis considérables.
Augereau rassembla les paysans, les vieillards, les
enfants, les femmes, et il fit rétablir par eux, tant qu'il
fut possible, les communications. Tout homme, tout
Catalan ou autre qui, sans avoir la cocarde française,
fut trouvé armé, se vit aussitôt *passé par les armes* et
accroché à un arbre, sur la crête du fossé. Les avenues
des villes et des bourgades furent ainsi décorées de potences naturelles qui ne ressemblaient pas mal à celles
de Louis XI, aux environs de Plessis-lez-Tours. On juge
qu'il y eut des représailles, et l'on peut tout de suite se
faire une idée de l'aspect sinistre du pays.

Dans un champ, près d'une grande ferme qui servait d'hôtellerie, on voyait aux arbres du quinconce, en face de la porte, un père avec sa barbe blanche, pendu au milieu de ses cinq fils. A leur suite étaient un dominicain, un juif, un Anglais et deux alcades. Mais à cent pas de là était la contre-partie de cet affreux spectacle : dix Français étranglés et violets, à demi-rongés par les chiens et les corbeaux.

Que dirons-nous encore des cannibales? et vraiment il nous sied de faire des phrases sentimentales sur les bûchers et les festins du sauvage après le combat!

Cette civilisation qu'on nous vante n'est pas encore bien avancée, et quand naissent les circonstances, quand la rage s'empare de son cœur, l'homme est le plus implacable et le plus féroce des animaux. Pour voir si j'ai raison, ouvrez nos annales monarchiques, religieuses, républicaines, vendéennes, et dites ce que vous pensez de la perfectibilité de l'espèce humaine.

Du sang, des brigands, des pendus : tel fut le régime de la conquête. On ne pouvait pas sortir d'une ville et mettre le pied dans la campagne, qu'on ne courût le risque d'être égorgé. Des postes entiers furent surpris durant la nuit et poignardés.

Si c'était une troupe espagnole qui attaquât ainsi et réduisît une patrouille française, elle la faisait mettre à genoux avant de la fusiller, et l'obligeait à coups de sabre et de baïonnette à dire son *confiteor* en commun.

Si c'était une escouade française qui surprît un piquet de cavalerie espagnole, elle l'obligeait en revanche à chanter en chœur un cantique avant de mourir.

A la fureur on joignait la dérision.

Deux fourriers d'un régiment de nos hussards, qui précédaient de quelques centaines de pas leur corps, furent saisis et emmenés dans les bois. Là, on leur dit: « Vous êtes galants? Eh bien! nous allons vous marier. » En effet, on amena des cantinières d'un bataillon d'infanterie légère, arrêtées la veille, et on fit gravement la cérémonie de l'union sainte. Un moine y mit tant de raffinement et d'onction, qu'un moment les victimes purent croire qu'on voulait les épargner. Mais il n'en était rien ; l'épreuve alla jusqu'au bout. Il y eut noces, dîner, boléro ; et, quand la nuit fut venue, les quatre époux furent étendus l'un près de l'autre ; mais, morts !... on les avait étouffés.

L'effroi était dans Barcelone quand Augereau y fit son entrée. Il promit justice à tout le monde, et ce fut là ce qui fit frémir. Il semblait que c'était le grand prévôt qui arrivait, et que le jugement dernier allait sonner.

Toute la ville se courbait dans la stupeur et dans l'attente. Il n'y avait point de conscience intacte et pure. Tous les partis, tous les grades s'étaient salis par la corruption, le pillage, la mauvaise foi et la débauche. Duhesme fut appelé le premier ; et, malgré ses grosses épaulettes, malgré son rang et sa fierté, il fallut qu'il vînt s'expliquer devant le vieux maréchal inflexible. Quand il parut, Augereau, pâle de colère, marcha sur lui : « Quelles mesures avez-vous prises ; quelles souf- » fertes ? » Duhesme interdit, s'arrête ; Augereau continue : « Vous commandiez en chef , vous répondiez de » tout ; et tout ici n'est que vol et crime. » Duhesme recula, ses genoux fléchirent, et lui qui avait pris de sa main dix pièces de canon à l'ennemi, il baissait les yeux comme un enfant ; sa langue était collée à son palais ; il resta muet et l'œil fixe quand le duc, avec mépris, le toisant de la tête aux pieds, s'écria d'une voix de tonnerre : « Ce ne sont pas des officiers, ce ne sont » pas des officiers, mais des brigands qui déshonorent » l'habit français..... » Duhesme mit la main sur son épée, on l'enveloppa aussitôt et le maréchal, le poussant par les épaules : « Sortez de ma présence, et retournez

» à Paris ; je ne veux pas de vous dans l'armée que je
» commande ; sortez..... » Scène affreuse qui se passait
devant tout l'état-major , et que l'empereur approüva
quand il sut la position et les motifs.

On ne peut s'imaginer avec quelle hauteur le duc de
Castiglione parla à tous les chefs de cette armée qu'il
venait, disait-il, régénérer. Mais ce fut particulièrement
aux comptables et aux vivoiers qu'il se montra âpre et
intraitable. Un seul des agents fut ménagé et prit de
l'empire sur le maréchal. Ce fut Lehodey qui, de payeur
de l'armée, devint receveur général de la province, et
qui, dans ces doubles fonctions, se conduisit de manière
à se faire applaudir et honorer.

Lehodey était le fils d'un notaire de Brécey, près d'A-
vranches. Il avait, fort jeune, fait la pêche de Terre-
Neuve dans un bateau de Granville qu'il commandait ;
et puis, au commencement de la révolution, renonçant
à la marine, il était entré chez Collard, payeur de Cher-
bourg. Placé ensuite à Rennes, comme payeur lui-
même, et puis à Nantes, il s'était fait remarquer par
ses mœurs, son intelligence, son patriotisme et sa probité. Tombé malade, par excès de travail, il fut dé-
noncé, supplanté, et enfin envoyé en Catalogne à l'époque de l'expédition. Il connaissait bien le service, bien
les hommes ; et Augereau, dès qu'il l'eut entendu, ne
fit plus rien en finances, sans l'avoir consulté.

La *contribution des maisons* fut abrogée. On revint
aux impositions cadastrale et personnelle ; les caisses
publiques se remplirent un peu. Comme on prit le soin de
payer mieux les fournitures, on eut des approvisionnements avec moins de peine. Toutefois, il fallait toujours
des détachements pour ramasser des vivres ; et à vrai
dire, en cette malheureuse contrée, jadis si abondante,
un gouverneur était plus appliqué et employé désormais
à nourrir ses soldats qu'à les faire combattre.

Les *commissaires des biens des absents* furent inter-
rogès; et ce fut encore un tableau singulier. Ils étaient en
cercle dans une grande salle basse du palais du gouvernement. Augereau était seul assis sur un siége élevé,
ayant deux pistolets sur son bureau, à côté de son écri-
toire. Ses aides-de-camp étaient debout à droite et à
gauche. Lehodey était plus bas devant une petite table,
faisant fonction de greffier; trois factionnaires étaient
à la porte, une compagnie de grenadiers campait dans
le vestibule; la séance était sérieuse, et les commissaires
étaient blancs comme des morts.

Augereau leur adressa vivement ces questions :

Avez-vous fait des inventaires?

Avez-vous eu des gardiens sûrs?

Vos registres sont-ils à jour?

Y avez-vous porté les ventes faites et les effets en ma-
gasin ?

L'argent perçu a-t-il été versé au trésor?

En représentez-vous des quittances, ou bien tout est-il
au pillage ; et tout ce qu'on me rapporte est-il vrai?

Je reçois contre vous plaintes sur plaintes. Apprêtez-
vous à vous en laver, non par des paroles, mais par des
preuves. Songez-y bien, dépêchez-vous; je vous fais
pendre dans huit jours, si vous ne pouvez vous discul-
per et s'il m'est démontré que vous êtes des voleurs.

Après cette allocution, la séance fut levée, et les commissaires gardés à vue. On forma un comité pour l'exa-
men des affaires et des pièces. Les réclamations affluè-
rent. Les concierges confrontés avec les agents supé-
rieurs, firent découvrir toute la profondeur de la plaie.

La fraude était partout, l'ordre nulle part; et en dé-
finitive, après trois mois de travaux et de recherches, le
comité inspecteur nommé par le maréchal, et dont Lehodey était le secrétaire, fut obligé de lui déclarer qu'il
était impossible d'établir le plus léger compte pour la

commission des biens ; que le chaos était inextricable, et qu'il n'y avait aucun moyen de rien absolument retrouver et vérifier : « Hé! que ferai-je de ces gredins » de commissaires?... » dit Augereau en apprenant ce résultat. Il était alors lassé de pendre, mais il les cassa tous, les plaça dans les compagnies de pionniers, et les jeta au-devant de la mitraille pour essuyer le premier feu de l'ennemi, afin d'épargner de braves gens. Plusieurs se sauvèrent en France, où ils calomnièrent le maréchal; d'autres passèrent aux Espagnols et nous firent un mal incroyable par leurs révélations sur notre dénuement, notre faiblesse et la confusion qu'eux-mêmes ils avaient mise dans toutes les parties du service. Deux de ces misérables ayant été repris, étaient amenés devant le maréchal, mais le peuple s'en saisit, et il n'y eut que leurs têtes, portées au bout des lances, qui arrivèrent jusqu'à la porte du palais!

CHAPITRE VII.

—

Parmi les membres de la commission des biens, le plus influent était Casanova, Espagnol de naissance, intrigant de profession et scélérat dans l'âme, ainsi que vont le prouver ses actes. Il fut des premiers à servir les Français quand ils entrèrent en Catalogne, et l'on n'employa que trop son adresse et son activité. Tel est le malheur des généraux envahisseurs qu'ils se voient toujours entourés et environnés de la lie des peuples qu'ils subjuguent. Les hommes tarés, les turbulents, les désœuvrés, les banqueroutiers, les gens de sac et de corde sont toujours ceux qui dans un pays s'offrent lâchement à seconder ses oppresseurs. Casanova était un de ces êtres méprisables qui, dans les commotions politiques, n'ont rien à perdre et ont tout à gagner. Il montra un tel empressement à notre approche, une telle connaissance des lieux et des personnes, un tel dévouement dans ses paroles et sa conduite, qu'on le nomma commissaire de police à Barcelone et qu'on le fit membre de la commission des biens.

L'inquisition était détruite, mais la police était florissante. L'une vaut l'autre. L'inquisition se faisait au profit du clergé ; la police se fait au profit du despotisme civil et militaire, il n'importe, ce n'est que changement de nom ; le fond est le même, et le résultat est l'asservissement des masses à l'arbitraire et au caprice de quelques meneurs commissionnés.

Ce n'est pas tout que la police, nos importations ne s'étaient pas bornées là : nous avions mené avec nous à Barcelone la *roulette* et le *trente et un* ; ce n'est pas tout encore : nous y avions implanté les passeports. Ruiner les gens, les démoraliser, et les garrotter de toutes les façons, il est triste de penser que ce fut là, pendant vingt ans, une de nos mille méthodes de civiliser et de vaincre. A Bade, à Vienne comme en Espagne, nous étions munis et suivis de dés, de cartes, de mouchards. Les brelans étaient autant des pièges où venaient se prendre les imprudents et les faibles. Par eux on arrivait jusqu'à la découverte des plans et des desseins des habiles et des forts. On voyait non seulement à ces *cercles* des hommes, des militaires, des prêtres qui s'y glissaient en dépit de la soutane, entraînés qu'ils étaient par l'exemple, l'avarice et toutes les plus viles passions, mais encore on y voyait des femmes, des religieuses qui avaient jeté le voile et qui, une fois lancées, ne connaissant plus de frein, se vautraient dans le jeu, la luxure et l'orgie.

Oh! je ne suis pas injuste et je ne méconnais pas, à Dieu ne plaise, de grandes choses qui ont été faites, de grands travaux qui ont été exécutés, de grandes idées à pleines mains répandues. Mais que de sang versé, que de larmes! que d'immoralités prêchées et colportées, que de chaînes appesanties sur les peuples, que d'énergie épuisée en pure perte, que de victoires inutiles, que d'ombres, de deuil et de mort, à côté de quelques rayons de vie !

Casanova était le grand régulateur de tous les tripots autorisés dans Barcelone, et il avait la surveillance de tout le mouvement intime ou public de la tumultueuse population. Instruit le premier de l'émigration d'un Espagnol, il se rendait aussitôt dans la maison suspecte et les recherches qu'il y faisait curieusement et minutieusement, l'amenaient bien vite à découvrir la *cache*, le lieu secret, le trésor où l'on avait enfoui les objets précieux qu'on n'avait pu emporter. Casanova s'en emparait ; il prenait tout ce qui était à sa convenance, tout ce qui était facile à dérober, et quand son lot ainsi était fait, il prévenait officiellement le gouverneur, et dans le jour, plus tard, il revenait avec la *commission des biens*, pour simuler une apposition de scellés, une mise de séquestre et une procédure d'inventaire.

Les sommes qu'il avait pour la police se composaient de cinquante-quatre piastres prélevées chaque jour sur l'entreprise des jeux et du produit des passeports pour l'expédition desquels on exigeait jusqu'à dix et douze piastres.

Il fallait un passeport pour sortir et pour entrer ; pour les habitants de la ville et pour ceux de la campagne, pour le bourgeois, le marchand, le laboureur. Chaque mois ce passeport devait être renouvelé et les perceptions devenaient énormes. Aucun registre, ni moral ni financier, n'était tenu, et quand on demanda compte au commissaire de tout l'argent qu'il avait reçu, il répondit simplement : « Une partie a été dépensée à la police ; » l'autre a été remise au général. »

Il n'y a rien de plus commode que des fonds secrets. L'ordonnateur en dispose sans contrôle. Il paie avec cet or ses maîtresses, ses domestiques, son traiteur, ses dettes de toute espèce, et puis il se renferme impudemment dans le mutisme administratif. Ce qu'il a fait servir pour satisfaire à ses vices, il veut qu'on croie qu'il l'a fait tourner au profit du bonheur national.

Le mot de nation est toujours dans sa bouche; la sueur de l'égoïsme ruisselle de son front. Il parle incessamment de liberté et il ne rêve que cachots et que menottes. Il se donne des airs de générosité et de compassion, et il verrait mourir son fils, son père, sa femme, sans sourciller.

Un homme de police est un être odieux. S'il y a une exception, faites-en l'objet d'un culte ; s'il y a un sage dans un telle position, c'est un dieu incarné, élevez-lui autel et statue. Mais je peins le vulgaire et le banal, et je ne m'arrête pas aux prodiges.

Ce rôle d'espion en chef et d'inspecteur des mœurs et brevets, Casanova le jouait au naturel et avec effronterie. Sachez donc qu'un jour ce brigand fit capturer aux portes de Barcelone une femme de trente ans, fort belle, qui le matin avait sollicité de lui un passeport sans jamais pouvoir l'obtenir.

Elle voulut cependant partir. Son père et son mari étaient, à un village voisin, réfugiés, malades. Elle voulait leur porter secours, mais prise et conduite chez le commissaire, elle fut douze heures sans pouvoir deviner ce qu'elle allait devenir. Le soleil baissait, la nuit arrivait, les employés quittèrent les bureaux, et Casanova, resté seul, entra dans le cabinet écarté où il avait fait déposer la dame.

Jugez de l'effroi dont elle fut saisie à l'air sinistre de son audacieux gardien. A un mot qu'il prononça, à un geste qu'il fit, elle recula d'horreur et poussa des cris affreux. Mais les murs étaient sourds, les verroux étaient mis ; les efforts, les prières, tout fut vain ; les heures se passèrent, la raison s'affaiblit et l'on peut comprendre à quel prix cette femme écrasée, abattue, obtint de franchir le seuil de sa prison, de quitter ce repaire et de remplir son douloureux message.

Hélas ! elle prit sa course, malgré les ténèbres, à travers la campagne, mais elle n'arriva point à sa pieuse destination ; elle allait d'arbre en arbre, s'appuyant, invoquant le ciel ; accablée de regrets, de fatigue, de honte ; transie par la fièvre, elle tomba et ne se releva plus. On la trouva morte sur la route, et celui qui l'avait tuée, instruit de son sort, la fit enterrer au lieu même où son corps avait été ramassé.

Une patrouille, qui faisait sa ronde, l'ayant rencontrée expirante, l'avait dépouillée et laissée nue !...

Entre mille objets qui passèrent par les mains de Casanova et dont on n'eut plus de nouvelles, j'en veux citer un certain nombre sur lequel on aurait pu particulariser des accusations, s'il eût été permis d'en faire.

1º Argenterie trouvée chez le marquis de Villana et appartenant tant à l'église de la citadelle qu'au curé Panlo.

2º 1517 douzaines de paires de bas de soie, enlevées dans les magasins d'Estève Baïgnès.

3º 1200 pièces d'indienne saisies chez Faust Camps.

4º 5000 piastres perçues pour des voitures chargées de meubles qu'on laissait sortir la nuit de Barcelone contre les règlements sur les émigrés et d'après le visa du commissaire. Qui payait obtenait ce visa ; qui ne payait pas était mis au cachot.

5º 13,000 piastres, formant le complément de 48,000 exigées de divers négociants pour l'expédition de leurs navires. 35000 piastres entrèrent dans la caisse du receveur de la province ; le reste fut volé par Casanova.

6º Tous les effets saisis aux portes sur les Espagnols qui émigraient et entre autres, ceux de Gozalès estimés 10,000 piastres ; ceux d'un comte de la maison de Miraflore, 20,000 piastres ; ceux des dames Ricara d'Ignalada, 25,000 piastres. Ces dames, qui étaient vieilles et cassées, furent arrêtées par la populace et fouettées en plein marché, sans que Casanova intervînt le moins du monde.

7° Draps et toiles imprimés, pris chez le négociant Montfort et évalués à 24,000 piastres fortes. Montfort fit valoir sa qualité de Français, mais on se moqua de son titre, et il se tut bien vite dans la crainte d'être fusillé.

8° 6,280 piastres arrachées du frère de ce Montfort sur la promesse de rendre les draps et les toiles. 6,000 piastres étaient pour le général, 280 pour le commissaire, au dire de celui-ci. Mais l'argent fut donné et les marchandises ne furent pas restituées.

9° 30,000 piastres exigées d'Hermidas pour qu'on lui remît intacte Isabelle Cerda qu'il devait épouser. Cette fille aînée d'un juge fort recommandable, était accusée de trames et de conspirations. C'était ainsi qu'on s'emparait des gens qu'on devait mettre ensuite à contribution. Il y avait toujours des complots tout prêts pour donner le prétexte de faire des arrestations qu'on exploitait comme des mines inépuisables.

10° Vingt-cinq quadruples et douze pièces de mousseline brochée, qu'on extorqua au prisonnier Jalubert pour le paiement de sa mise en liberté.

11° Piastres enlevées par sacs et par milliers chez les banquiers et marchands de la ville, tantôt pour un motif, tantôt pour un autre, et dont jamais on n'entendit parler au trésor.

On séduisait les valets d'une grande famille et on les faisait boire pour en faire des espions de leurs maîtres. Par là on obtenait des renseignements qui dirigeaient dans les poursuites et les extorsions. Puis, quand ces machinations étaient à leur terme, on trouvait moyen de se

débarrasser des malheureux qui en avaient été les témoins et les agents.

Voilà un échantillon des hautes œuvres du commis-
saire-général de la police et une esquisse des exactions
commises sous la protection des commandants.

CHAPITRE VIII.

Espagnols emprisonnés. — Rançon. — Comédie jouée.

———

Duhesme étant au premier siége de Girone, Lecchi, on s'en souvient, gouvernait Barcelone en l'absence du général en chef. Le 1er août 1808, il fit arrêter dix-sept Espagnols les plus opulents de la ville, et il donna pour raison de ces mesures le besoin que nous avions d'otages, pendant l'absence de la plus grande partie de l'armée.

Ces dix-sept Espagnols étaient exempts envers nous de tout reproche. Ils n'avaient ni conspiré, ni murmuré. Ils payaient leurs impôts, ils avaient leurs passeports, fournissaient leurs denrées, se tenaient calmes et se résignaient au sort de leur pays. Tous ces faits étaient notoires. L'arrestation n'en eut pas moins lieu, et ce fut Casanova qui fut chargé de la faire. On avait prié, supplié pour que l'ordre fût rapporté ou suspendu. Mais Lecchi fut inexorable ; les Espagnols, tous pères de famille, furent conduits à la citadelle, et ce fut Casanova qui les y fit écrouer.

Le lendemain (suivez bien ce récit) Casanova se rend près des victimes. Il les tourmente et les effraie par le tableau qu'il fait des dispositions du général. Quant à lui, mieux disposé que la veille en leur faveur, les pressant, les flattant tour à tour, troublant leur esprit par des craintes, puis s'adoucissant et leur offrant à prix d'or son appui, il les mène où il veut, il est maître de leur élargissement ou de leur mort; ils le voient, ils le sentent, ils font tout ce qu'il indique et tout ce qu'il exige; ils en passent par tout ce qu'il veut; il les met dehors quand ils ont promis et payé; et ce marché infâme ne rapporte pas aux deux chefs (à Casanova et à Lecchi) moins de 27,000 piastres fortes.

Pour incarcérer ces Espagnols, on avait pris le prétexte de l'absence des troupes; on prit pour les relâcher le prétexte de la fête de l'empereur.

Le 15 août, ils obtinrent grâce; ils furent, par *excès de clémence*, rendus à leur famille éplorée, et ils n'osèrent dire à quel prix la vie leur avait été vendue!

Ce fut principalement de cette époque que data l'émigration, l'anéantissement de la confiance, la disette qui en fut la suite et tous les maux qui en découlèrent!

CHAPITRE IX.

Canton et Grandpère. — Calumini. — Horrible exécution. — Mort
des innocents et des coupables.

———

J'aborde à l'endroit le plus sombre de ma tâche. J'ai
à faire le récit de la trahison la plus noire. Je veux parler de l'affaire de *Canton*, la plus extraordinaire de
toutes celles de la campagne ; assemblage inouï de tous
les forfaits les plus hideux. Casanova devait y être mêlé ;
cet homme n'était étranger qu'au bien qu'on aurait pu
faire à son pays ; il trempait dans tout ce qui était bas et
inique.

Canton était employé dans les *rentes réunies*, mais sa
ressource principale était le prêt sur nantissement. Son
caractère et son esprit n'étaient pas des plus recomman-
dables ; mais s'il fit des fautes et des sottises, on va voir
qu'il les expia cruellement. Il avait la réputation d'être
fort riche en effets précieux et en argent comptant. Cette
grande fortune excitait l'envie. Casanova et Lecchi
avaient les yeux dessus ; ils voulaient se l'approprier, et
la question n'était plus que de savoir comment y parve-
nir. Le moyen le plus sûr et le plus court était de tuer
l'homme, et ce fut le parti auquel on s'arrêta.

Le 15 décembre 1808 , Canton fut arrêté par l'ordre

du commissaire général de la police et par les soins de Sagura et d'Aspers, ses deux agents fidèles. Ils le conduisirent en prison et l'écrouèrent en présence de la famille du concierge et de son adjoint nommé *Grandpère*.

On trouva sur le prisonnier 190 quadruples, 13 bagues montées en diamants, une chaîne d'or et un portefeuille plein de *vales reales* (effets de la banque d'Espagne). Ces objets furent enveloppés dans un mouchoir par les deux agents de police, et apportés au commissaire général qui dînait ce jour-là chez le général Lecchi. Casanova sort de table, prend les objets, les garde et prescrit aux agents de retourner chez Canton : « Cherchez de nouveau, fouillez partout, et venez m'informer ensuite du résultat de vos perquisitions. C'est un ennemi de l'armée française, et nous ne devons pas le ménager. »

La maison qui avait déjà été visitée, le fut une seconde fois, du haut en bas. On trouva, dans une pièce, des boîtes remplies d'argenterie, 20 couverts de vermeil, des chaînes d'or, des montres, des perles fines, des parures complètes: colliers, bracelets, boucles d'oreilles en brillants, et d'autres bijoux de grande valeur que Canton avait reçus en gage. Dans une autre pièce on trouva 26 couteaux, 17 cuillers, 22 fourchettes en or, marqués aux armes de l'ancienne maison royale d'Espagne. C'était le nantissement d'un prêt fait récemment à un homme de la cour, disgrâcié.

En présence des domestiques de Canton, ces objets furent comptés et mis dans des coffres dont Sagura prit la clef. Il ferma la porte de l'appartement, et courut chez le général Lecchi rendre compte de sa découverte à Casanova. Celui-ci, sans perdre de temps, se transporte de sa personne au domicile du prêteur. Il visite tout, vérifie tout, et quand il a bien reconnu et bien apprécié la quantité et la valeur des choses, il prend la clef des

mains de Sagura, et revient vîte au palais du gouvernement.

Un agent de confiance, un espion de choix, Morel et
les deux autres l'avaient suivi dans cette excursion. Il
les fit attendre dans l'antichambre du général et alla
conférer avec ce dernier sur ce qui venait de se passer
et sur les suites. La conférence fut longue. On entendit
aller et venir, ouvrir et fermer les portes intérieures.
Enfin Casanova reparut avec un capitaine italien nommé
Calumini, et il dit à Sagura : « Voilà la clef de la maison
» de Canton, suivez cet officier, délivrez-lui les coffres
» et revenez ensemble au palais. »

Calumini prit avec lui dix soldats italiens, qui de leurs
fusils firent des brancards. Ils mirent les coffres dessus,
et ils les apportèrent chez le général. Le commissaire de
police les reçut, prit la clef et dit derechef aux agents
de l'attendre.

Conférence nouvelle chez Lecchi. Je ne veux pas
omettre une circonstance. A dix heures du soir, Casanova revient avec Calumini, et appelant Sagura : « Ren-
» dez-vous à la prison, et remettez là personne de Can-
» ton entre les mains du capitaine. »

L'ordre est exécuté. Voyez-vous cette puissance
de la police qui n'admet ni délai ni réflexion. Canton est
livré à Calumini, par le concierge, en présence de sa
femme et de ses enfants, de l'adjoint Grandpère et d'un
enfant de chœur de l'église Saint-Just, qui attendait un
prêtre occupé dans le moment à administrer un prisonnier au lit de mort.

Calumini fait fouiller Canton ; il lui fait enlever ses
boucles de souliers, un quadruple et un anneau d'or
qui lui restaient encore ; il le fait lier par ses soldats, et
il prend des mains du concierge un poignard très-affilé
et une canne à épée qui appartenaient au prisonnier.
Canton se débat, il veut crier, on lui ferme la bouche,

on la bâillonne, on l'emmene, on le traîne sous les murs du Montjoui ; et là, sans remise, Calumini le fait frapper de dix coups d'épée, de poignard et de baïonnettes, qui l'étendent mort à ses pieds.

Le lendemain, dès la pointe du jour, Casanova se fit expliquer par Sagura quel était le nom et le nombre des personnes qui avaient assisté à la sortie de prison de l'employé Canton. Il demanda s'il restait encore quelques effets dans la maison du mort, et sur l'assurance qu'il reçut que ce qu'on y avait laissé, n'était que d'une mince valeur, il remit la clef aux agents, et leur permit de se partager le reste des dépouilles.

Canton n'était plus. On avait enlevé le corps et on l'avait mis dans une fosse écartée. Mais il fallait cacher l'expédition nocturne, et par le silence des témoins s'assurer de l'impunité. Le concierge fut intimidé, on le menaça de le perdre si jamais il révélait rien de ce qu'il avait vu ; on le força de déchirer le feuillet de son registre sur lequel étaient mentionnés l'arrestation et l'écrou de Canton, et l'on crut que de ce côté on avait d'assez bonnes garanties. Mais on comptait moins sur la discrétion de *Grandpère ;* tout geôlier qu'il était, il faisait quelquefois le délicat ; deux jours ne s'étaient pas écoulés que ce malheureux ne fut saisi au corps par Sagura et Aspers; il fut, par l'ordre de Casanova, conduit chez le général Lecchi, et depuis on ne le revit plus.

Quelque soin qu'on prit pour tenir secrètes ces horreurs, elles transpirèrent et furent divulguées. Tout Barcelone s'en émut, et malgré la terreur qu'inspiraient le gouverneur et le commissaire, la clameur publique se fit entendre, et l'on alla demander justice jusque sous les fenêtres du palais.

Canton avait été tué dans la nuit du 15 au 16 décembre. Grandpère avait disparu dans la nuit du 16 au 17. Le maréchal Gouvion-Saint-Cyr entra dans Barcelone le 17. à midi. Le 20 au matin, il se porta en avant avec son armée; il marcha sur le *Moulin du Roi,* où l'ennemi était en force, et il ne s'occupa pas d'autres soins que de ceux qui regardaient ses troupes. Il fallait combattre, il combattait. Il ne sut rien des deux crimes récents, et il laissa Lecchi et Casanova dans leurs fonctions à Bar-lone. Mais à son retour de Walls, il entendit le cri du peuple: *Justice! justice!* il s'informa de ce qui causait cette émotion, et sur les premières révélations qui lui furent faites, il ordonna une enquête, sans pourtant (tout porte à le croire) s'imaginer que ceux qu'on attaquait fussent aussi coupables qu'on le prétendait, et eussent trempé dans les vols et les meurtres dont toutes les voix les accusaient.

Il partit pour Wich, et le procès s'entama. La cour criminelle de Barcelone fut saisie de l'affaire; et, en attendant la décision, Lecchi fut laissé à son commandement; Casanova fut conservé dans sa place de commissaire général de police.

Rien ne peint mieux les désordres du temps. Un maréchal, homme de cœur, homme de bien, ne pousse pas jusqu'au bout l'instruction d'une affaire aussi grave. Il ne s'inquiète pas si elle languit. Peut-être croit-il qu'en ces jours d'animosité et de lutte, il y a de l'exagération dans les griefs. Il veut pourtant qu'on examine, il donne en ce sens des ordres positifs; un juge de la cour, M. Revert, rassemble les documents, fait les confrontations: les preuves du double crime s'accumulent; et, pendant que le rapport se prépare, les prévenus, disons mieux, les coupables, restent libres; ils conservent leur position, ils signent des actes publics, touchent leur salaire, et malgré les soulèvements de l'indignation populaire, ils jouissent d'un répit qui doit avoir son terme, mais qui n'en jette pas moins de l'odieux sur toute notre administration.

Je veux le répéter et le redire : le premier besoin des peuples, c'est la justice ; c'est elle qui est la sauvegarde du faible contre la violence du plus fort ; c'est elle qui est le fondement et la base de toutes les institutions. Sans elle, sans son recours suprême, il n'y a qu'incertitude et anarchie ; et celui qui la néglige et l'abandonne, quelque soit son rang et sa valeur ; celui qui laisse éteindre son flambeau, reposer son glaive, s'expose aux plus amers reproches, et manque au plus sacré de ses devoirs.

Augereau vint après Gouvion-Saint-Cyr, et son entrée à Barcelone fut marquée par une proclamation qui promettait aux Catalans liberté de conscience pleine et entière, respect aux propriétés, et (je l'ai dit déjà) justice à tous.

Ces promesses eurent un prompt effet. J'ai dit ce qui en arriva sur les routes : la sévérité du maréchal lassa les *fusilleurs* et les bourreaux. Mais voyez aussi les impôts mieux répartis et mieux payés. Les séquestres illégalement ordonnés sont déclarés nuls ; les maisons et les meubles sont remis à leurs propriétaires ; les habitants paisibles sont rappelés dans leurs foyers et placés sous l'égide des lois ; l'exercice de la justice civile est confiée à des hommes sûrs et d'une intégrité éprouvée ; Duhesme est expulsé, Lecchi renvoyé en Italie, Casanova enfin destitué de ses fonctions, arrêté et conduit au fort Montjoni.

Ce fut à Barcelone un jour de fête et la chute de cet homme fut un triomphe. Il était honni, exécré ; il se vengeait par des fraudes et des meurtres. Mais l'heure de la punition était venue, et toute la ville était dans l'ivresse. L'empereur, instruit de tout, en eut un moment de désespoir : « Voilà comment ils me servent ! comme » ils font abhorrer mon nom ! » Mais de quoi se plaignait-il ? et d'où venait le mal ? où en était la source ? Ceux qu'il blâmait faisaient en petit ce qu'il ordonnait ou exécutait lui-même sur une plus grande échelle. O souvenirs d'égarement et de gloire! Mais la gloire, je le demande encore, la gloire est-elle où se rencontrent de si affreux événements? Ah! puisse la mémoire de ces maux en empêcher à jamais le retour! L'empereur envoya des gendarmes pour prendre Lecchi à Milan. Il fut amené à Paris et renfermé à l'*Abbaye*. Quinze mois après, à la sollicitation de sa famille, il fut relâché et reprit du commandement. Il était à Florence lors de la défection de Murat. Usé par la guerre, flétri par des concussions, il vit *Fouché* qui revenait de Naples, et pour achever sa triste carrière, il trahit ce Napoléon qui avait eu le tort de lui pardonner.

Dubesme fut plus heureux. Il mourut au champ d'honneur. Longtemps oublié et repoussé, il se leva en 1813, quand les alliés se montrèrent sur le Rhin. Il fit toute la guerre de Champagne, et, mis en retraite après l'abdication, on le retrouva à Waterloo. Il combattait près de Ney et de Cambronne. Ce fut un de ses grenadiers qui, près de Jemmapes, tua le duc de Brunswick Oëls, et alors les hussards prussiens, se précipitant sur Dubesme, l'écharpèrent de mille coups de sabre. Il tomba, lavé de Barcelone, et son corps fut mis dans le même trou que les dépouilles du prince ennemi.

Casanova, transféré à Vincennes, y périt dans la tour même où avait été enfermé le duc d'Enghien!

CHAPITRE X.

Perceptions et traitements. — Décompte d'Augereau. — L'eau-de-vie du soldat. — Le collier de la Vierge. — Les vases sacrés. — Le couvent de Chauvinesses. — Le château, l'hôpital et le coffre fort.

———

Barcelone fut écrasée de contributions. Plus il était difficile d'obtenir des paiements de la province, plus la ville était pressurée. Car il y avait toujours de la troupe à solder et à nourrir; moins on obtenait en nature, plus s'accroissaient les demandes d'argent.

Les versements réguliers et ordinaires, exigés dans le principe tous les mois, étaient fixés de la manière suivante :

1° Sur la contribution cadastrale et
personnelle. . . . . 70,000 piastres
2° Sur les douanes. . . . . . . 30,000 »
3° Sur les domaines nationaux. . 4,000 »
4° Sur les octrois et rentes réunies. 34,000 »
____
En tout. . . . 138,000 piastres

Environ 700,000 francs par mois.

Ajoutez les perceptions extraordinaires et irrégulières, les produits des biens et effets des absents, les passeports et taxes arbitraires; joignez à tout cela les réquisitions, logements, enlèvements, exactions, pillages, et vous aurez un aperçu des misères de la Catalogne, du désespoir des habitants et de l'abîme qu'à nous-mêmes nous avions creusé sous nos pas.

Le traitement des gouverneurs-généraux était de 80,000 fr. fixe par an; plus 120,000 fr. de frais imprévus; plus 100,000 fr. de dépenses secrètes; plus des rations et des indemnités sans compte et sans nombre, et tout à fait suivant leur fantaisie, leur caractère et leur bon plaisir. Augereau resta en Catalogne de septembre 1809 au mois de mai 1810, c'est-à-dire neuf mois. Il prit Girone et Hostalritz, mais il échoua dans plusieurs rencontres. Il perdit un monde fou, et bien fou je vous jure, car les soldats se faisaient tuer avec un acharnement qui n'avait pas d'exemple. Le seul siége de Girone nous coûta vingt mille hommes, et quoique l'armée eût été, dans les neuf mois, deux fois renouvelée, quoiqu'on eût porté le septième corps à trente mille hommes, Augereau écrivit au ministre duc de Feltre : « Je demande pour continuer la guerre vingt-cinq mille » hommes de plus et vingt-cinq millions, sinon, mon » rappel. »

L'empereur lut la lettre et mit à la marge : « Le rap- » peler. «

Macdonald fut choisi pour prendre le commandement de la Catalogne.

Pour les neuf mois du gouvernement d'Augereau, il lui était dû, savoir :

Fixe. . . . . . . 60,000 fr. ⎫
Imprévu. . . . : 90,000 » ⎬ 225,000 fr.
Secret. . . . . . 75,000 » ⎭

Ses indemnités et rations se portaient au double, et son décompte s'élevait chez le payeur à près de 5 ou 600,000 fr. Il n'avait rien touché sur le trésor durant la

campagne ; et un jour, dans la dernière semaine d'avril,
comme il était sur le point de partir, l'eau-de-vie ayant
manqué à l'armée, devant l'ennemi, au moment d'un
combat et comme on allait en venir aux mains, il en
acheta sur ses fonds pour cent cinquante mille francs et
la fit distribuer aux soldats.

Quand Girone fut prise, Augereau l'imposa à un
million. La somme était trop forte et Lehodey la fit ré-
duire à moitié, encore eut-on bien de la peine à arriver
jusque-là. La junte de la ville paya d'abord cent mille
écus ; ensuite, pour le reste, elle offrit les vases sacrés.
Cette offre se fit par une députation et en audience so-
lennelle ; le maréchal en parut à la fois contrit et fu-
rieux. « Quoi ! les vases sacrés ! non jamais. Et vous,
» monsieur (se tournant vers Lehodey), si vous com-
» mettiez cette impiété, si vous receviez ces objets ré-
» vérés dans votre caisse, je vous préviens qu'à l'instant
» même, je vous ôterais votre place et vous ferais partir
» pour Paris. »

La députation sortit bien édifiée des sentiments du
maréchal et bien embarrassée des paiements qui lui
restaient à faire.

Quand elle fut partie, Lehodey regarda le maréchal
et lui dit : « Voilà deux cent mille francs bien aven-
» turés. Votre excellence en fait apparemment la re-
» mise ?

» — Non, parbleu, reprit le gouverneur, je ne remets
» rien. Mais il faut, mon cher ami, frapper l'esprit du
» peuple. La junte va lui redire mes paroles, et quand
» l'effet en sera produit, demain, après-demain, deman-
» dez, pressez, exigez le complément du demi-million,
» et si pour achever, on vous les apporte....

» — Les vases ?

» — Oui, les vases, prenez ! »

Girone pas plus que Barcelone ne pouvaient payer en

espèces toutes les taxes. Elles s'acquittaient en bijoux , argenterie , ornements des couvents et des églises. Tout faisait nombre , tout semblait bon. Parmi ces objets précieux on apporta un matin, au receveur , le *collier de la Vierge,* d'une des chapelles de la cathédrale. Le comptable , qui était galant et qui voyait la maréchale , le lui montra sans dire d'où il venait. La duchesse en fut éblouie et Lehodey en parla au duc. Le présent était facile à faire. On estimait le collier 32,000 fr. Si lo maréchal le donnait à sa femme, c'était un simple retranchement à faire dans son compte mensuel. Un mot suffisait, l'acquisition était loyale , tout le monde était content. Mais Augereau se montra ce jour-là économe , et de crainte des interprétations, il dit d'un ton sec : « Je ne veux pas; » ne m'en parlez plus. »

Le collier fut envoyé au trésor.

La compagnie de grenadiers du 42ᵉ de ligne, qui fit à Girone des prodiges de valeur, viola un couvent de chanoinesses. Abbesse, sœurs, novices, converses, tout y passa, ce fut une abomination. L'évêque assembla son clergé, et il vint en procession les pieds nus, au palais du gouverneur, demander à grands cris vengeance!

Le maréchal reçut l'évêque avec le plus grand appareil. Quand il aperçut le cortége et qu'il sut ce dont il s'agissait, il descendit dans son grand uniforme , entouré de ses officiers, jusqu'au milieu de la cour du palais. Là il ôta son chapeau, et dans l'attitude de la plus grande affliction, il écouta les gémissements de l'évêque. Quand le digne prélat eut achevé, Augereau s'empressa de lui dire : « Je ferai un exemple et vos vœux seront remplis. » Vous voulez que les coupables périssent, ils périront et » vous serez content. » Tout se fit en pompe et de la manière la plus auguste ; le clergé s'en retourna en bénissant le gouverneur-général. Mais dans la nuit on fit partir la compagnie d'élite, et le maréchal dit au colonel Expert-

Latour : « Je ne fusillerai pas des braves pour des
» nonnes ! »

Augereau, en sortant de la Catalogne, alla se reposer à
La Houssaye. C'était la terre qu'il avait achetée en Brie.
Il y recevait tous les vieux soldats qui passaient par le
pays ; il les hébergeait, leur donnait à boire et de l'argent ; s'ils étaient estropiés ou malades, il les faisait
soigner dans un hôpital qu'il avait fondé au village.

Il avait 500,000 fr. de revenu et 300,000 fr. de dota-
tion. Trois millions en or avaient par lui été mis dans un
coffre. Un de ses aides-de-camp lui disait : « Faites valoir
» ces fonds, placez-les. » — Non pas, s'il vous plaît,
» répondit le maréchal. Je sais d'où je viens, j'ignore
» où je vais. Nul ne sait ce qui peut arriver. Si je perds
» mon château, j'aurai du moins cet or, et je ne mourrai
» pas de faim sur mon épée. »

CHAPITRE XI.

Faits particuliers sur le siége de Girone. — Compagnies de femmes.
— Les moines.

—

Il y avait en Catalogne, comme dans l'Espagne entière, deux partis bien tranchés : l'un qu'animait le fanatisme et que les moines inspiraient, l'autre qui aspirait à un gouvernement d'égalité et qui voulait obtenir une constitution nouvelle. Le parti moine se battait avec le plus d'acharnement, et c'était lui qui remportait les victoires au profit du parti libéral. Car les idées marchaient durant la guerre, et le régime de la raison s'établissait sur des décombres.

Le second siége de Girone dura six mois. Les difficultés semblaient insurmontables. Il fallait faire venir des vivres de France, et pour les transporter on n'avait que des chariots massifs, qui se brisaient dans les routes défoncées et dont la moitié à peine arrivait au camp. C'était de Paris qu'on voulait régir l'Espagne, et l'on n'avait pas voulu comprendre que le service ne pouvait se faire qu'à dos de mulets ; c'est-à-dire on ne le comprit que tard et quand il y eut des fourgons, des millions engloutis et des milliers d'hommes sacrifiés.

Girone avait dix mille hommes de garnison. *O'Donnell* y était entré avec un convoi, mais il fallait qu'il en sortît, car avec ses troupes il eût affamé la place, et le gouverneur, Alvarez, le poussait dehors. O'Donnel choisit une nuit bien sombre et marchant à petit bruit, tuant nos premières sentinelles, il trouva moyen de s'échapper avant que nos régiments ne le poursuivissent. On ne lui prit que son arrière-garde, et nos dragons en même temps s'emparèrent de quelques dames qui fuyaient Girone pour éviter les périls de l'assaut.

Elles n'évitèrent rien!

Les femmes dans Girone avaient formé trois compagnies régulières, ayant chacune leur uniforme et leur capitaine, pour distribuer aux assiégés des vivres et des munitions, et pour panser leurs blessures.

Les *capitainesses* étaient prises dans les principales familles, celles d'Oviedo, de Nunez et de Cerda. La compagnie des vivres avait de petites boîtes pour porter le pain et la viande, des bidons pour la soupe, des barils pour l'eau-de-vie et pour le vin. Elle avait une plume verte à une toque en forme de casque, et une jupe courte qui laissait voir des pieds chaussés d'une espèce de cothurne, comme en avaient aussi les paysans armés.

La compagnie des munitions avait à sa toque une plume rouge, et elle portait aux remparts les boulets et les cartouches sur des civières et des brouettes à quatre roues, auxquelles les jeunes filles s'attelaient par pelotons.

La compagnie hospitalière avait une plume noire, et elle se distinguait par la piété et l'ardeur invincibles avec lesquelles on la voyait aller, jusque sous le feu de la mousqueterie et des obus, panser les blessés, consoler les mourants et semer partout les exemples de la résignation et de la force.

Chaque compagnie avait sa bannière. Sur l'une était

brodée une sainte Barbe; sur l'autre un saint Narcisse, patron de la Catalogne; sur l'autre enfin une Vierge et l'enfant Jésus. Ces enseignes sacrées étaient bénies par les prêtres, et tous les soirs, sur les places publiques, on récitait des prières, on chantait des cantiques et l'on enflammait le peuple par l'éclat et l'emportement des prédications et des cérémonies.

Dans les familles et dans les couvents on coupait des draps de lit et du linge de table pour faire soit la charpie des pansements, soit des sacs de la plus forte toile dans lesquels on mettait de la terre afin de garnir les parapets et les redoutes de meurtrières improvisées. Avec la charpente des palais on faisait des chevaux de frise en dedans des portes, on dépavait les rues; toute la population était debout, et chaque maison devenait un arsenal où jour et nuit se forgeaient des moyens de défense et des armes.

Les moines prévoyaient le contre-coup que la révolution aurait sur eux. L'abolition des ordres, la dispersion des religieux, la vente des biens, les déportations, les noyades, tout ce qui avait eu lieu en France, était d'un présage sinistre pour tout le froc espagnol. Il y eut donc dans les monastères à notre approche un soulèvement qui fut une des grandes causes de celui du petit peuple des villes et de tous les hommes simples des champs. Les moines se faufilèrent et se recrutèrent partout. Ils vivaient dans le sein des familles, plus que dans leurs couvents; ils mendiaient et confessaient, ils étaient médecins et sorciers, ils conseillaient dans les contrats et les mariages, ils étaient les vrais directeurs des âmes, et cet empire qu'ils avaient pris sur les bourgeois, les paysans et les femmes, ils le firent tourner contre nous.

Ils nous peignirent comme des impies et des hérétiques qui venaient couper la tête des saints, lacérer les images de la Vierge, renier Dieu au pied des autels et

renverser enfin tout ce qu'il y avait de grand et de sacré
sur la terre. Il est certain que nos premières opérations
ne furent pas propres à rassurer les consciences ; et quand
la lutte fut engagée plus avant, il n'est sorte d'horreurs
qui dans les couvents ne fussent commises. C'était un
abîme et une boucherie. Les moines n'eurent donc plus
de ménagements à garder. Ils craignaient tout, ils osèrent tout, et à Girone ils se multiplièrent pour soutenir
et encourager la garnison.

La ville fut prise, mais elle nous coûta cher, nous y
perdîmes l'élite de notre monde. Des généraux, des co-
lonels, des officiers de la ligne et du génie, il y en eut
de tués par centaine. Dix fois Augereau lui-même fail-
lit, dans ses reconnaissances, à être atteint et enlevé. Il
traita fort mal Alvarez, le gouverneur. Il l'envoya malade à Figuières au lieu de le garder à Girone et de le
faire soigner et respecter. Alvarez avait fait son devoir ;
il avait déployé une valeur et des qualités rares. Il mourut des fatigues du siége, et dans notre armée même on
reprocha au maréchal son abandon et sa dureté.

D'après la capitulation les habitants étaient libres ; la
garnison était prisonnière de guerre. Les moines voulaient se faire compter parmi les habitants et rester dans
la ville. Mais l'empereur dit qu'ils faisaient partie de la
garnison et qu'ils devaient être conduits en France.
Quand on les emmena en effet, le peuple joncha de
fleurs les rues par où ils passèrent. Les miquelets se pré-
cipitèrent sur l'escorte, tout le long du chemin, et de
ce convoi de prisonniers, qui était de 4 à 5,000 hommes,
il n'y en eut pas le tiers qui arrivât à sa destination.

CHAPITRE XII.

J'ai lu dans un écrit publié sous la restauration, que les Espagnols donnaient des fêtes à Barcelone pendant la guerre, et que la maréchale Augereau avait engagé son mari à avoir un théâtre et des acteurs français.

Des fêtes, bon Dieu! les Espagnols! et nous des théâtres? Il faut bien aimer les contes pour lancer au public de tels mensonges, et bien compter aussi sur sa crédulité.

Rétablissons les faits et détruisons les calomnies.

On ne donnait à Barcelone ni fêtes ni bals. Chacun dans cette grande cité, si attristée, si tourmentée par les vexations et les spoliations de toute espèce, vivait retiré près de son foyer, au milieu de ses amis et de ses enfants, quand il n'avait pu les conduire ailleurs ou les y suivre. Les Espagnols ne communiquaient qu'à regret et rarement avec les Français. Ceux qui, en très-petit nombre, croyant à la durée de nos succès et à l'affermissement de la conquête, avaient ouvertement pris parti pour nous, étaient traités par leurs compatriotes comme autrefois nous traitions les lépreux. On les fuyait, on les montrait au doigt, on se rangeait d'eux comme de brebis galeuses, et l'on appelait sur eux la haine des hommes et le courroux du ciel. Bien plus, les malheureux, ils étaient par nous-mêmes, par les Français, regardés avec dedain et accablés de dégoûts. Telle était notre inconséquence ou peut-être ce fonds de justice qui partout se révèle en nous et en dépit de nos intérêts. Nous estimions ceux qui nous tuaient; nous méprisions ceux qui nous faisaient accueil. Il y avait dans ce procédé un mélange confus d'imprudence et de magnanimité. Nous sommes ainsi faits, et ce que j'ai dit à l'égard de Junot, il faut, je crois, l'attribuer à la nation entière. Nous avons dans tous les temps été de braves gens pour conquérir, et des maladroits quand il s'est agi de nous assurer la jouissance et le fruit de nos victoires.

Mais si à Barcelone les Espagnols étaient dans l'affliction, il ne faut pas s'imaginer que nous y fussions plus gais et plus heureux. J'ai signalé un groupe d'exception qui *faisait bombance* et qui vivait comme au pays de Cocagne; mais ce cercle était resserré, et l'armée et le plus grand nombre de ceux qui la suivaient baissaient la tête, tendaient le dos à l'orage et ne faisaient au dehors bonne contenance que par le sentiment de leur sûreté.

Les Français qui, en bonne conscience, n'avaient rien négligé pour mériter la haine des Catalans, se regardaient comme voués à leurs poignards, et en effet ils n'y échappaient pas quand, par imprudence ou par nécessité, ils s'aventuraient sans escorte, à faire cent pas au-delà des glacis.

Dans Barcelone comme dans toutes les villes où nos troupes se montrèrent, il n'y eut des deux côtés que défiance et irritation. Le peuple de la Catalogne est trop fier pour se façonner au joug sous lequel nous voulions le courber; il était trop superstitieux encore pour secouer celui que les prêtres l'avaient, depuis des siécles, habitué à porter.

A cette époque où vainqueurs et vaincus ne pensaient qu'au massacre, on ne s'occupait guères de comédiens et de spectacles. Il faut plus de tranquillité pour aller aux théâtres. On s'y rend pour y jouir doucement des plaisirs de l'imagination, pour s'y délasser de ses affaires, pour y mener sa femme ou sa maîtresse, pour y causer de la musique et des arts, pour y savourer les délices du jour et y rêver aux enchantements du lendemain. Mais ce rendez-vous de la population éclairée, désœuvrée, pacifique, n'existait point dans une pauvre cité où tous les biens étaient menacés, toutes les existences compromises, toutes les têtes renversées, toutes les images de l'esprit ternies; dans une ville où il n'y avait personne qui ne craignît de rencontrer dans celui qui l'approchait et l'abordait un ennemi, un espion et un traître.

Ainsi donc pendant la guerre, point de spectacle à Barcelone, qui possédait pourtant une fort belle salle, où l'on savait qu'aux jours de la prospérité et de la gloire on avait vu de si bons acteurs, de si jolies cantatrices et de si brillantes chambrées.

Quant à la maréchale, il est juste de déclarer qu'à peine elle parut à l'armée que commandait son mari. Elle avait voulu le suivre à Perpignan parce qu'il était alors d'une santé chancelante, et parce qu'elle était certaine du bonheur qu'il éprouvait à l'avoir près de lui. Mais elle ne passa pas d'abord la frontière. Ce ne fut qu'après la capitulation de Girone qu'elle vint un moment y rejoindre le maréchal. Mme de Chavranges sa mère l'accompagnait, mais dans le peu de temps qu'elles y restèrent elles vécurent dans la plus profonde solitude. La duchesse était dans la fleur de l'âge et sans doute elle aimait la représentation, la danse et tous les plaisirs de la vie, tous ceux qu'on peut goûter dans la position où l'élevait la fortune. Mais le moyen de se divertir et d'y songer seulement dans une ville telle que Girone était alors, avec des rues encore teintes de sang, et des places publiques, des cours d'hôtel et des maisons à peine débarrassées des milliers de cadavres que le canon du siége, dix assauts et une effroyable épidémie, y avaient entassés.

La bonne et jeune dame ne s'amusait guères là. Elle avait le cœur serré, les yeux pleins de larmes. Elle pensait à son retour en France, et si elle demandait quelque chose à son mari, ce n'était pas assurément des comédies.

CHAPITRE XIII.

Indulgence de Macdonald. — Il y renonce. — Suchet à Lérida. —
Le général Schwartz pris et mené en triomphe.

—

Macdonald avait fait des prouesses en Italie et en Allemagne. En entrant en Catalogne, il voulut prendre le contrepied du maréchal Augereau ; il montra une extrême indulgence et annonça qu'il ferait grâce à tout ce qui ne le mettrait pas dans la nécessité impérieuse de sévir. Il fit abattre toutes les potences, et l'on eût dit qu'au milieu de la guerre il voulait gouverner comme en pleine paix.

Il croyait par ces démonstrations ramener l'esprit des Catalans. Vain adoucissement, vain espoir. Le peuple garda rancune à notre armée ; il ne voulut accepter ni trêve, ni grâce ; au lieu de se montrer reconnaissant, il n'affecta que mépris et que haine, et le maréchal, comme ses prédécesseurs, en revint bientôt en Catalogne à une guerre d'extermination.

Le premier soin de Macdonald, comme des autres, fut de faire entrer des bœufs et des blés dans Barcelone ; on y était toujours affamé. Quand un convoi venait et échappait aux Espagnols, il rendait pour quelques semaines la vie et le courage aux troupes ; mais quand de nouveau les magasins se vidaient, les fronts alors se rembrunissaient, les mines s'allongeaient, on se parlait à l'oreille, on complotait, on vivait entre la famine, la peur et la fièvre. Tout le monde souffrait de corps et d'esprit. Mais l'empereur tenait bon et rien ne l'avertissait ; malgré tant d'échecs et d'obstacles, il persistait dans l'espoir d'une conquête qui se liait à son grand projet de monarchie occidentale, et peut-être de monarchie universelle. Il était né pour parquer les nations, et ses vues gigantesques s'étaient manifestées dès le temps de Léoben. En traitant pour la première fois avec l'Autriche, il avait aperçu la couronne, il rêvait une alliance, et déjà, pour ses intérêts personnels, il se séparait de la cause de la nation.

C'était pour ces folies que le sang coulait à flots. Nous l'admirions alors ce Bonaparte, nous l'adulions, nous l'encensions, nous étions enivrés de sa gloire, et ce n'est que dans l'excès de ses malheurs et des nôtres que tout à coup nous avons découvert que ce n'était qu'un insensé.

Mais achevons notre récit.... Le pain commençant à manquer à Barcelone vers le mois de juin 1810, Macdonald quitta la ville et se porta sur Christian et sur Reuss. Il voyageait avec ses troupes comme un chef de Tartares nomades, campant où il y avait du foin pour les chevaux, de la farine pour les hommes ; quittant le pays quand tout y était dévoré, et arrivant enfin, à travers les montagnes, jusqu'à Lérida que venait de prendre Suchet.

Lérida résista au grand Condé. Suchet l'enleva de vive force. Il n'était encore là que général de division, mais il se plaçait au premier rang des commandants d'armée. Il avait tout : valeur, droiture, coup-d'œil, expédition, prudence, humanité. Dans un pays ruiné, il trouvait moyen de bien nourrir le soldat ; dans un pays de haine, il se faisait estimer et chérir. Homme de choix, qui parut trop tard et qui ne brilla que sur un trop petit théâtre !

Lui et Macdonald voulaient faire le siége de Tortose ; mais l'Ebre manquait d'eau pour transporter à l'aide de barques l'artillerie et les munitions ; il fallait attendre les crues. On se sépara pour se retrouver plus tard. Suchet demeura dans l'Aragon ; Macdonald partit pour la Haute-Catalogne. L'armée allait aux vivres ; la moitié y trouva la mort. Le quartier-général fut établi à Cervara, ville qui au XVIIᵉ siécle avait été fidèle aux Français et à Philippe V, mais qui leur était contraire au XIXᵉ, et qu'on ne parvint qu'à grand'peine à contenir. Je ne prends, des mille traits de cette guerre , que ceux qui en caractérisent l'esprit. Schwartz, l'un des généraux de Macdonald, l'un de ceux sur lesquels il comptait le plus et qu'il avait mis en avant-garde, fut attaqué et battu par O'Donnell. Celui-ci, grièvement blessé, rentra en voiture à Tarragone. Il traînait à sa suite le général français, prisonnier, humilié, et le peuple dans sa joie lui donna le titre de *comte de Labisbal*, du lieu où Schwartz avait osé attendre des forces décuples des siennes, et , par sa témérité même, avait mérité d'être vaincu.

Ce succès enfla les Catalans. Il n'y eut plus parmi eux d'homme en état de combattre qui ne prît un sabre, un poignard, un fusil, et qui ne courût à la *chasse des Français*. Plus de sûreté dans les maisons, plus de sûreté sur les routes, plus de sûreté dans les hôpitaux. C'était une tuerie effroyable. Ni jour, ni nuit, plus de repos. Tout soldat isolé était mort. Malade ou sain, avant ou après la bataille, tout ce qui était pris, massacré ! En face de ce péril, entraîné par l'exemple, Macdonald, comme autrefois Germanicus, se crut en droit de prononcer ces paroles : « Tuez tout, brûlez tout, point de quartier, soldats, » et que tout finisse par le silence de la mort ! »

CHAPITRE XIV.

—

Le paysan des montagnes est partout le même : alerte, gai, entreprenant et brave. Le montagnard écossais, le paysan suisse, le chasseur tyrolien, le Moréote, le Basque, ont tous une allure et des mœurs pareilles ; partout l'homme des lieux élevés aime la chasse, la guerre et la liberté.

Le paysan du filon de Bretagne et celui du bocage de la Vendée se distinguaient dans nos guerres de l'Ouest.

Les paysans de la Catalogne et de l'Aragon et de tout le nord montueux de l'Espagne, ne le cédèrent pas aux alpins des autres pays et leur réputation se fit aux dépens de nos colonnes.

Le Catalan est grand et fort, cambré et bien pris dans sa taille, les bras nerveux, les jambes fines et musculeuses, la tête haute et le corps robuste, l'œil vif et quelque chose de farouche dans le regard. Il a des bas de peau, des souliers attachés par des cordons bleus et rouges qui se croisent sur la jambe à la manière grecque ou romaine.

Sa culotte est courte et ouverte sur le genou. Il a une veste élégante et dégagée. En hiver et la nuit il ajoute à son costume un manteau léger dans lequel il s'enveloppe, se couche et s'endort. Il est coiffé d'un bonnet de laine ou d'un feutre pointu, orné de rubans et de plumes.

C'est là le guérillas allant se mettre à l'affût. Il a une ceinture garnie de cartouches, un poignard, un pistolet, un chapelet au cou, un fusil à deux coups sur l'épaule. S'il vous met en joue, c'en est fait, adieu, il est sûr de de son coup. Il y a tel paysan espagnol qui, à lui seul, en cinq ans, a tué un bataillon des nôtres. Il y a des carrefours en Catalogne où l'on a enterré, au pied de la croix, jusqu'à trente courriers par semaine. Aucun ne passait, et ce qui est merveilleux, c'est qu'il s'en présentait toujours. On offrait, pour appât, des sommes énormes, à ceux qui voulaient se charger d'une dépêche. Les spéculateurs payaient mieux que les maréchaux, car il y avait les courriers du commerce aussi bien que ceux de l'armée. Une estafette coûtait huit et dix mille francs de Madrid à Bayonne. On promettait, mais on ne payait point ; d'aller ou de retour, la mort du cavalier acquittait l'engagement.

Augereau avait voulu organiser un service général des postes. Chalas fut mis à la tête de cette administration ; il était beau-frère du receveur général, depuis il est mort avec son fils aîné au passage de la Bérésina.

Nous avons eu à Paris, son second fils, Prosper Chalas, qui avait prodigieusement d'esprit et qui travaillait dans les journaux et pour le théâtre. Doué d'un généreux patriotisme, il fut, en 1830, un des signataires de la protestation, et il risqua sa tête pour la défense des droits du pays. Il est mort prématurément, en 1832, regretté de tous ceux qui l'avaient connu. Je ne le pouvais nommer sans jeter quelques fleurs sur sa tombe.

Ce fut son père qu'on fit directeur des postes en Catalogne. Mais que faire des postes quand les routes sont coupées et tous les courriers morts ? Les relations étaient interrompues; on faisait le siége des villes, les campagnes étaient en feu; à qui écrire? à qui se fier? les lettres étaient prises et ouvertes par les Français ou les Espagnols; les secrètes pensées étaient connues, et une seule phrase imprudente causait la perte du signataire.

Chalas avait à peine sa place qu'il la perdit. Macdonald la supprima et Suchet ne la rétablit point. C'était un mouvement perpétuel de mesures prises, de mesures rapportées; souvent les ordres donnés à Barcelone, étaient révoqués par des arrêtés de Paris; ou bien des arrêtés pris à Paris avec fracas, échouaient devant l'inertie de Barcelone.

Comment rien établir avec de tels éléments? c'est par le défaut d'accord et d'ensemble que manquent toutes les affaires de ce monde. La Romana le sentait bien, et c'est par lui que je reviens aux guérillas. Elevé en France, il avait combattu dans nos rangs, et conduit pour nous un corps d'Espagnols dans le nord de l'Allemagne. Déserteur de notre cause, rallié aux Anglais, bien payé par eux, il rentra en Espagne, et ce fut lui qui le premier donna l'idée de ce harcellement continuel de nos troupes par des bandes sans direction positive, et qui ne prenaient conseil que du moment.

Des officiers, des gentilshommes, des paysans, des avocats, des marchands, des curés, des capucins, furent les chefs libres de ces compagnies aventureuses qui se levèrent au Nord et au Midi comme des nuées de vautours, ou se ruèrent comme des tigres sur nos légions lourdes et fatiguées.

L'uniforme de notre armée n'était point ce qu'il est aujourd'hui. Nos soldats avaient d'épais habits, des guêtres boutonnant sur le genou, de longs fusils, de gros sacs, des gibernes embarrassantes ; comment courir avec tout ce harnais auquel on n'a pas encore assez remédié ; comment faire face à des hordes sauvages, promptes, agiles , combattant pour leurs lois , leurs femmes , leur Dieu ; fuyant et revenant sans cesse, par la gauche, par la droite ; faisant des pointes meurtrières dans nos masses ou bien enlevant pièce à pièce nos régiments ?

La Romana mourut de chagrin. Les Anglais le payèrent et le trahirent. Il vit bien qu'ils s'étaient armés pour eux, non pour l'Espagne ; d'un autre côté la junte espagnole le traitait avec défiance, et il mourut dans la défaveur. Après lui restaient Porlier son neveu, et Mina, et tant d'autres qui étaient à la tête des corps francs, corps indisciplinés , indisciplinables ; mais qui, pour un coup de main, combinant leurs efforts, nous firent en Espagne, ce que les Cosaques nous firent ailleurs : c'est-à-dire un mal incalculable et des brèches qu'on ne put combler.

CHAPITRE XV.

Suchet maréchal. — Notes sur Joseph. — Conclusion.

—

Tant que l'empereur fut en Espagne, nos armes y furent victorieuses; il partit et tout déclina. Partout où il était de sa personne, il savait réunir une masse imposante de forces et de ressources : son nom seul valait une armée ; où il n'était plus, le service se désorganisait; et à peu de mois de là, on manquait de tout, on fléchissait partout.

En temps de paix on peut à toute force gouverner sagement un grand empire. En temps de guerre on a bien de la peine à maintenir même un petit état. La domination de Bonaparte était trop vaste et ses peuples trop agités, de mœurs trop différentes, de volontés trop rétives, d'intérêts trop opposés. Il était impossible de faire marcher toutes ces masses d'un seule branle, d'un seul pas; à mesure qu'on édifiait d'un côté, l'autre s'écroulait; c'était la roue d'Ixion ou le rocher de Sisyphe. L'homme fut écrasé sous le Dieu.

Joseph resta en Espagne, et il eut avec lui tour à tour Jourdan, Soult, Ney, Mortier, Victor, Lannes.

Toutes les illustrations militaires passèrent par l'Espagne. Macdonald fut remplacé par Suchet qui fut secondé par Decaen. Masséna prit le commandement de l'armée dite de Portugal, quoiqu'elle en touchât à peine le sol; Marmont et Junot, à différentes reprises, eurent part aussi à cette guerre d'abus et de rouille; guerre qui ternissait nos armes et qui n'était plus que secondaire depuis que Napoléon était dans le Nord.

Joseph faisait battre monnaie à Madrid, et ses lieutenants l'imitaient dans les provinces. Les reliques des saints étaient mises au creuset; on faisait fondre la châsse et l'entourage; en moins d'un lustre, on ruina et l'on consomma les trésors du trône et de l'église qui étaient la moisson de tant de siècles et qui s'étaient formés de tant de pieux legs.

L'Espagne alors porta la peine des maux qu'elle avait faits aux Mexicains. Tout se retrouve dans la balance des peuples; et il n'y a point, sous le soleil, d'iniquité qui n'ait sa punition.

Macdonald vit en Catalogne son astre pâlir devant celui de Suchet. Il fut rappelé par une lettre impertinente du duc de Feltre: « Monsieur le maréchal, lui » disait le ministre, vous n'êtes pas propre à la guerre » de montagnes...... » Il partit désappointé, et cependant on le vit encore servir avec dévouement et loyauté dans les campagnes d'Allemagne et de Russie.

Si l'empereur piquait parfois ses maréchaux et les aiguillonnait un peu vivement, il savait l'art de les calmer ensuite, de les ramener à lui s'ils se cabraient, et de la main et du geste, avec un mot ou un *grand-aigle*, il les remettait dans ses intérêts et les rattachait à sa fortune.

Suchet *était jeune*, et j'ai fait son éloge. Le chevalier de Guibert, dans ses voyages, cite un mot de Boufflers: « Toutes les grandes batailles ont été gagnées par les

» armées inférieures et par les généraux les plus jeunes.»
La récapitulation est facile à faire, et chacun peut
se donner le plaisir de vérifier la justesse de cette réflexion. Suchet ne fit point mentir cet adage : il fut vainqueur partout où il se montra. Il prit Tortose, Tarragone, Sagonte, et le bâton de maréchal fut le prix de
ses exploits.

Ce fut le dernier maréchal créé par l'empereur.

Tout périt ensuite. Les généraux ne s'entendirent
plus. Il y eut des disputes et des rixes. L'or de l'Angleterre agitait tous les cabinets, fascinait tous les yeux,
corrompait tous les cœurs. L'Autriche, la Prusse, la
Russie, la Suède même, et puis à la file tous ces rois
et princes de la façon de Bonaparte; tous jusqu'à Murat! se tournèrent contre lui. L'Espagne perdit de son
importance. Ce n'était pas là que le sort de la terre se
décidait. Nous partîmes pour Moscou; on sait le reste.
La chute de l'empereur entraîna celle de Joseph, ou
plutôt ce fut Joseph qui tomba le premier. Il ne tenait
guères! mais toutefois, on l'a, dans vingt relations
inexactes, jugé beaucoup plus mal qu'il ne méritait.
J'ai des renseignements particuliers sur son double règne, de Naples et de Madrid; j'ai dit que je les donne-
rais, et je tiendrai ma parole. A Madrid, surtout, Joseph
s'était fait des partisans. Madrid n'était pas toute l'Espagne. Elle n'était pas comme Paris et comme Londres, ou
comme Vienne, qui sont l'âme absolue de l'Etat. Elle
n'exerçait pas sur les provinces un empire aussi décidé.

Mais leur sort néanmoins se liait au sien, et son
exemple avait du poids sur elles. Le roi Joseph n'y était
pas sans quelques chances. Dans le rôle bourgeois qu'il
joue à présent, on ne croira pas que j'ai envie de le
flatter. Mais de ce qu'il a été roi, ce n'est pas une raison, j'imagine, d'être envers lui injuste et ingrat. Je re-
viendrai sur son caractère et ses actes, et peut-être arri-

verai-je à démontrer que ce prince, si le temps et la pa-
tience ne lui eussent pas manqué, aurait gardé son trône
et s'y serait fait aimer. Il s'y serait établi et maintenu,
s'il eût pu faire à la nation toutes les concessions nécessaires ; s'il se fût comme il le voulait, identifié aux intérêts et aux mœurs; s'il eût choisi lui-même ses généraux et ses ministres; s'il n'avait pas cent fois été gêné
dans ses mesures par l'empereur ou par des subalternes,
enfin s'il eût pu se livrer en Espagne à ses seules inspirations.

Trop souvent contredit et blessé par son frère, il ne l'a-
bandonna pas cependant aux jours de malheur. Comme
Eugène il lui resta fidèle, et c'est une belle disgrâce que
celle qui, parmi ses causes, peut compter l'excès de dé-
sintéressement et de vertu !

FIN.

TABLE DES CHAPITRES.

FIN DE LA TABLE.